穿越百年中国梦

吕章申题

国家出版基金项目
NATIONAL PUBLICATION FOUNDATION

顾　问：吕章申
主　编：陈履生
副主编：白云涛

穿越百年中国梦

在希望的田野上

写给孩子的党史学习教育读本

仲叙莹◎著

SPM
南方出版传媒
新世纪出版社
·广州·

图书在版编目（CIP）数据

在希望的田野上 / 仲叙莹著 .— 广州 : 新世纪出版社, 2017.12（2021.12 重印）

（穿越百年中国梦 / 陈履生主编）

ISBN 978-7-5583-1005-8

Ⅰ . ①在… Ⅱ . ①仲… Ⅲ . ①改革开放—中国—少年读物 Ⅳ . ① D616-49

中国版本图书馆 CIP 数据核字（2017）第 296947 号

出 版 人：陈少波　　策　　划：宁　伟
责任编辑：宁　伟　　特约编辑：耿　谦
排版设计：大有图文　　责任校对：陈　雪

在希望的田野上 ZAI XIWANG DE TIANYE SHANG
仲叙莹 / 著

出版发行：新世纪出版社
（广州市大沙头四马路 10 号）
经　　销：全国新华书店
印　　刷：天津画中画印刷有限公司
规　　格：880mm × 1230mm　1/32
印　　张：4
字　　数：58 千字
版　　次：2017 年 12 月第 1 版
印　　次：2021 年 12 月第 5 次印刷
书　　号：ISBN 978-7-5583-1005-8
定　　价：22.50 元

如发现印装质量问题，影响阅读，请联系调换：
北京广版新世纪文化传媒有限公司
销售热线：010-65545429
[书中图片由中国国家博物馆提供]

目 录

contents

《穿越百年中国梦》总序

2012年11月29日，党的十八大闭幕刚刚半个月，习近平总书记率领新一届中央政治局常委和中央书记处的同志，来到中国国家博物馆参观《复兴之路》基本陈列。

那天上午，习总书记一行轻车简从，9时许来到国家博物馆，进入《复兴之路》展厅参观。一件件实物，一幅幅照片，一张张图表，一段段视频，把我们带回到近代以来跌宕起伏、波澜壮阔的难忘岁月。在19世纪末列强割占领土、设立租借地、划分势力范围示意图前，在鸦片战争期间虎门抗英的大炮前，在反映辛亥革命的文物和照片前，在《共产党宣言》第一个中文全译本前，在中华人民共和国第一面五星红旗前，在党的十一届三中全会照片前，习总书记不时停下脚步，认真观看，详细询问相关历史背景和文物情况。

在参观期间，习总书记发表了重要讲话。他说:《复兴之路》这个展览，回顾了中华民族的昨天，展示了中华民族的今天，宣示了中华民族的明天。中华民族的昨天，正可谓“雄关

漫道真如铁”。近代以后，中华民族遭受的苦难之重，付出的牺牲之大，在世界历史上都是罕见的。但是，中国人民从不屈服，不断奋起抗争，终于掌握了自己的命运，开始了建设自己国家的伟大进程，充分展示了以爱国主义为核心的伟大民族精神。中华民族的今天，正可谓“人间正道是沧桑”。改革开放以来，我们总结历史经验，不断艰辛探索，终于找到了实现中华民族伟大复兴的正确道路，取得了举世瞩目的成就。中华民族的明天，可以说是“长风破浪会有时”。经过鸦片战争以来170多年的持续奋斗，中华民族伟大复兴展现出光明的前景。现在，我们比历史上任何时期都更接近中华民族伟大复兴的目标，比历史上任何时期都更有信心、有能力实现这个目标。讲到这里，总书记环顾大家，深情阐述“中国梦”。他说：“现在大家都在讨论中国梦，何谓中国梦？我以为，实现中华民族的伟大复兴，就是中华民族近代以来最伟大的中国梦。这个梦想，凝聚了几代中国人的夙愿，体现了中华民族和中国人民的

整体利益，是每一个中华儿女的共同期盼。实现中华民族伟大复兴是一项光荣而艰巨的事业，需要一代又一代中国人共同为之努力。我坚信，到中国共产党成立一百年时全面建成小康社会的目标一定能实现，到新中国成立一百年时建成富强民主文明和谐的社会主义现代化国家的目标一定能实现。我更坚信，中华民族伟大复兴的梦想一定能实现！”

我有幸全程陪同习总书记参观，为总书记一行讲解展览，并现场聆听习总书记关于“中国梦”的重要讲话，感受颇深，终生难忘。习总书记提出实现中华民族伟大复兴的“中国梦”，是时代的最强音，凝聚了全球中华儿女的心，成为激励中华儿女团结奋进，实现中华民族伟大复兴的一面精神旗帜。

《复兴之路》基本陈列回顾了1840年鸦片战争以来一百多年间，陷入半殖民地半封建社会深渊的中国各阶层人民，在屈辱和苦难中奋起抗争，为实现民族复兴进行的种种探索，特别是中国共产党领导各族人民争取民族独立、人民解放、国家富强、人民幸福的光辉历程。习总书记参观《复兴之路》并提出实现中华民族伟大复兴的中国梦命题后，中央国家机关、部队、企事业单位、社区街道、社会团体、学校等纷纷来到中国国家博物馆，沿着习总书记的足迹，参观《复兴之路》展览。《复兴之路》展览成为爱国主义教育的重要课堂。

2014年，习总书记在有关讲话和批示中指出，历史是最

好的教科书，博物馆要让文物活起来，让文物说话，把历史智慧告诉人们，激发民族自豪感，坚定全体人民振兴中华、实现中国梦的信心和决心。中国国家博物馆和广东新世纪出版社有限公司落实习总书记的指示，以《复兴之路》基本陈列为基础，经过三年多艰苦工作，编写和出版了这套《穿越百年中国梦》丛书。组织和参与编写这套丛书的同志，大多数参加了《复兴之路》内容设计和布展工作，有的还现场聆听了习总书记关于“中国梦”的重要讲话。他们对《复兴之路》基本陈列不但理解深刻，而且怀有深厚感情。

习总书记指出：中国梦归根到底是人民的梦。有梦想，有机会，有奋斗，一切美好的东西都能够创造出来。习总书记希望广大青少年要勇敢肩负起时代赋予的重任，志存高远，脚踏实地，努力在实现中华民族伟大复兴的中国梦的生动实践中放飞青春梦想。

我相信，在中国共产党即将迎来百年华诞这个重大历史时刻，这套丛书的重印出版，对广大青少年牢记习总书记“不忘初心”的嘱托，更好地开展党史学习教育，增强实现中华民族伟大复兴中国梦的责任感，一定会起到促进作用。

吕章申

前　言

中国现代史学会会长　郭德宏

中华民族是一个有着自己梦想，特别是美好社会理想的民族。

两千多年前，我们的古圣先贤，就有“小康”和“大同”的社会理想。那时的“小康”理想，就是家家丰衣足食，人人遵守礼仪，互相谦让。那时的“大同”理想，就是天下人如同一家人，家家幸福，人人愉快，“路不拾遗，夜不闭户”。由于历代封建统治者都不代表广大的人民群众利益，古圣先贤的“小康”和“大同”社会理想都没有实现。

勤劳智慧的中国人民，创造了光辉灿烂的古代文明：强盛的汉代，繁荣的唐代，辽阔的元代，清初的盛世。那时，与世界上其他大多数国家和地区相比，中国富饶、强盛、文明、进步。用现代语言表述，那时的中国是“发达国家”，其他那些国家和地区则是“发展中国家”。然而，由于帝国主义入侵和封建主义统治腐败，中国落后了。从 1840 年鸦片战争中国战败到 19 世纪末，中国逐渐沦为半殖民地半封建社会，陷入将要亡国灭种的深渊。

从 1840 年鸦片战争开始，当时一些思想先进的中国人就寻求救国救民之道。林则徐、魏源开眼看世界，地主阶级的洋务运动，资产阶级维新派的戊戌变法，都试图在不根本触动封建统治的前提下富国强兵，但是都失败了。1894 年孙中山创立革命团体兴中会，首次提出“振兴中华”口号。1902 年康有为完成《大同书》的写作，期望中国实现古圣先贤所憧憬的大同世界。1902 年梁启超发表《新中国未来记》，1904 年蔡元培发表《新年梦》，都憧憬中华复兴，雄立世界。近代以来，每一个中国人都满怀着复兴中国、振兴中华的梦想。但在半殖民地半封建社会的旧中国，中国人民的这一梦想不但没有实现，反而遭受着越来越严重的民族苦难。

1921 年，伟大的中国共产党成立，超越古圣先贤“小康”和“大同”的社会理想，提出了夺取反帝反封建胜利、建立人民当家做主政权、最终实现人类最美好最理想的共产主义社会的奋斗目标。中国共产党肩负起民族独立、人民解放的历史重任，领导中国人民，经过浴血奋战，于 1949 年建立了人民当家做主的中华人民共和国。新中国成立，是中华民族由衰落走向强盛的历史转折点，开启了中华民族伟大复兴的新纪元。

中华人民共和国成立后，毛泽东、周恩来等老一辈革命家，领导全国各族人民为实现国家富强、人民共同富裕的新的历史任务而奋斗。在党的领导下，中国确立了社会主义基本制度，成功实现中国历史上最伟大最深刻的社会变革，为中华民族的伟大复兴奠定了制度基础。与此同时，中国共产党领导全国人民进行大规模经济建设和文化建设，取得了旧中国几百年几千年所没有取得的成就，为实现中华民族伟大复兴奠定了基本的物质基础。

1978 年改革开放以来，以邓小平、江泽民、胡锦涛同志为主要代表的中国共产党人，全面推进社会主义现代化建设。神州大地，生机勃发。2010 年，中国 GDP（国内生产总值）上升至 34 万亿元人民币，成为仅次于美国的世界第二大经济体，并一直保持至今。伴随着各方面的迅猛发展，中国迅速走向繁荣，国际地位不断提高，国际影响日益扩大。中国步入世界强国之列，为实现中华民族伟大复兴创造了现实条件。

2012 年 11 月 29 日，习近平总书记率领新一届中央政治局常委和中央书记处的同志参观中国国家博物馆《复兴之路》基本陈列。习总书记在这里向全世界宣示“中国梦”，重申“两个一百年奋斗目标”，既是中国共产党对全国人民的郑重承诺，是党和国家面向未来的政治宣言，也是中华民族伟大复兴的总动员。中国的伟大发展，又一次站在新的历史起点上；中华民族的伟大复兴，揭开了历史新篇章。

以习近平同志为核心的党中央，“不负重托，不辱使命”，在实现中华民族伟大复兴中国梦的推动下，国民经济继续稳步发展，中国的国际地位更加提高，国际影响力更加扩大。我们现在比历史上的任何时期都更加接近中华民族伟大复兴这个目标，我们现在比历史上任何时期都有信心、有能力实现这个目标。

中国梦连接着过去与现在、历史与未来，连接着国家与个人、中国与世界。拥有五千多年文明历史的中华民族，曾经创造了辉煌的古代文明，走在世界前列，为人类社会发展做出了巨大的贡献。今天，中华民族的伟大复兴，不仅造福中国人民，而且造福世界人民。已经步入世界发展中大国的中国，理应承担起大国责任，对人类社会的发展进步，做出更大的贡献。

《穿越百年中国梦》丛书回顾了1840年鸦片战争以来一百多年间，陷入半殖民地半封建社会深渊的中国各阶层人民，在屈辱和苦难中奋起抗争，为实现民族复兴进行的种种探索，特别是回顾了中国共产党领导全国各族人民争取民族独立、人民解放、国家富强、人民幸福的光辉历程。这套丛书深刻揭示了历史和人民为什么和怎样选择了马克思主义，选择了中国共产党，选择了社会主义道路，选择了改革开放；深刻揭示了历史和人民为什么必须始终坚持高举中国特色社会主义伟大旗帜不动摇，坚持中国特色社会主义道路不动摇；昭示出没有共产党就没有新中国，就没有中国特色社会主义，只有社会主义才能救中国，只有改革开放才能发展中国、发展社会主义、发展马克思主义。

我相信，这套丛书的出版，能够使广大青少年读者更加深入地了解中华民族近代以来反对外来侵略史、人民解放的抗争史，了解中国共产党领导全国各族人民为中华民族伟大复兴而奋斗的创业史和改革开放史，为实现国家富强、民族振兴、人民幸福的中华民族伟大复兴的中国梦，夺取新时代中国特色社会主义伟大胜利，提供令人振奋的精神动力。

郭德宏

1976 年 10 月，“四人帮”被一举粉碎，长达 10 年的“文化大革命”终于结束了。1978 年 12 月，党的十一届三中全会胜利召开，以邓小平为核心的中共中央领导集体深刻总结社会主义建设的经验教训，解放思想、

在希望的田野上

实事求是，做出把党和国家工作中心转移到经济建设上来、实行改革开放的历史性决策，实现了中国近现代史上一次伟大的转折。

第一章

I 伟大的转折

1. 粉碎“四人帮”

1966 年 5 月至 1976 年 10 月，是中华人民共和国历史上的一个特殊阶段——“文化大革命”时期。“文化大革命”是给党、国家和全国各族人民带来严重灾难的内乱。“文化大革命”后期，江青、王洪文、张春桥和姚文元经过一系列篡党夺权的阴谋活动后，终于登上了中共中央政治局委员的高位，结成了“四人帮”。

1976 年，对所有中国人来说都是不寻常的一年，那是影响中国前途命运的关键一年。1 月 8 日，对党和人民无限忠诚、鞠躬尽瘁的周恩来总理与世长辞，全国人民处于无限悲痛之中。但是“四人帮”却不允许人民悼念周总理，因而激起了人民越来越强烈的愤怒与抗议。在北京，3月下旬至4月5日，上百万群众连续几天到天安门广场沉痛悼念周总理，形成了声势浩大的声讨“四人帮”的群众运动。对群众运动又恨又怕的“四人帮”，采取卑劣手段，隐瞒事实真相，欺骗党中央和毛主席，将天安门广场的事态定性为反革命事件，并予以镇压。

以“天安门事件”为中心的抗议运动，是悼念周恩来、反对“四人帮”、要求纠正“文化大革命”的“左”倾错误的革命群众运动。它为粉碎“四人帮”奠定了群众基础。

9月9日，中国共产党、中国人民解放军、中华人民共和国的主要缔造者、深受全国各族人民爱戴的伟大领袖毛泽东主席逝世。“四人帮”也加紧了夺取党和国家最高领导权的阴谋活动。他们在上海装备民兵，并在中南海另设值班室，要各省、市、自治区党委向他们请示报告，企图切断党中央同各地的联系。他们盗用群众名义，给江青写“效忠信”“劝进信”，提出让江青担任中共中央主席、中央军委主席，让张春桥当副主席等。他们还利用报纸、杂志进行宣传，到处演讲，制造舆论。

在党和国家面临严重危难的时刻，身为国务院总理、中共中央第一副主席的华国锋，得到了主持中央军委日常工作的叶剑英的支持，并在李先念、汪东兴的配合下，决定采取断然措施，以隔离审查的方式解决“四人帮”。

10 月 6 日，中共中央办公厅发出通知，晚 8 时在中南海怀仁堂召开政治局常委会议，以审议《毛泽东选

1980 年 11 月 20 日，最高人民法院特别法庭开庭，审判“四人帮”反革命集团案

集》第 5 卷书稿为由，请王洪文、张春桥、姚文元参加会议。

“开会”的时间到了，中南海怀仁堂周围都做好了周密部署，警卫人员高度警觉地注意着周围情况的变化。晚 7 时 55 分，院内传来了脚步声，张春桥最先来到。当张春桥步入怀仁堂后，随身警卫被留在门外，几名军官迅速将张春桥“保护”起来，华国锋当即宣布了张春桥反党、反社会主义的严重罪行，张春桥被成功“隔离”。随后，王洪文、姚文元也相继来到怀仁堂，并被成功“隔离”。就在怀仁堂的“会议”紧张进行的时候，由相关人员组成的行动组来到江青的住所，宣布了对她隔离审查的决定。

就这样，在不到一个小时的时间里，没费一枪一弹，没流一滴血，就一举粉碎了“四人帮”。

10 月 21 日，中共中央对外公布了一举粉碎“四人帮”的消息，举国上下一片欢腾。首都 150 万群众为庆祝这一伟大胜利，在天安门广场举行了盛大的集会和游行，纵情欢呼党中央为国为民除害，尽情释放着内心的喜悦和兴奋。

“四人帮”被粉碎，长达 10 年之久的“文化大革命”终于结束了。中国人民即将迎来改革开放的新时代。

2. 邓小平复出

“四人帮”被粉碎的第二天，邓小平获知了这一消息。面对这一伟大胜利，他感到万分喜悦，长长地舒了一口气，说：“看来，我可以安度晚年了！”

“文化大革命”中，邓小平受到错误批判，曾失去一切职务，一度被押送到江西省新建县，在拖拉机修造厂参加劳动。他于 1973 年复出，1975 年担任中共中央副主席、中华人民共和国国务院副总理、中国共产党中央军事委员会副主席、中国人民解放军总参谋长，主持党、国家和军队的日常工作。为扭转“文化大革命”给国民经济造成的严重破

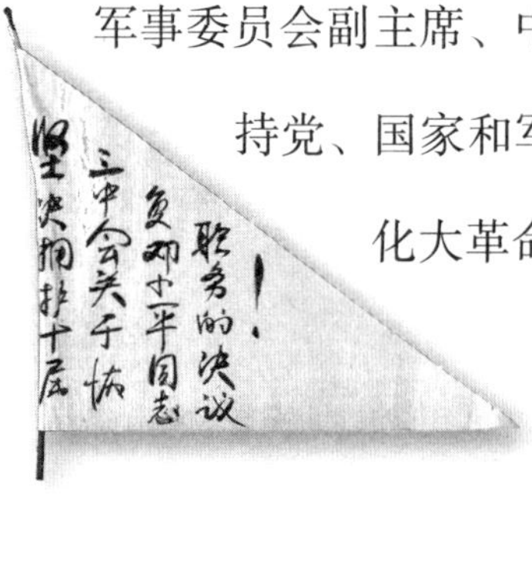

首都群众拥护恢复邓小平领导职务游行时使用的标语旗

坏，挽救中国濒临崩溃的经济，他开始全面整顿，纠正“文化大革命”的错误。不久，由于同“四人帮”进行针锋相对的斗争，他再次被错误地撤职、批判。

“四人帮”被粉碎后，很多老干部不止一次提出要恢复邓小平同志的职务，社会各界呼吁邓小平出来工作的声音也越来越强烈。1977 年 1 月 8 日——周恩来总理逝世 1 周年纪念日，人们自发地到天安门广场人民英雄纪念碑下敬献花圈，悼念敬爱的周总理，并通过张贴传单、发表演说等形式声讨“四人帮”，表达希望邓小平复出工作的迫切愿望。

叶剑英是当时党和国家的主要领导人之一，他发表意见说：“小平同志具有治党治国的全面经验，是我们党内难得的人才，毛主席、周恩来多次赞扬过他。现在，党内、军内的绝大多数同志和全国人民强烈要求把小平同志请出来，我完全拥护。”

1977 年 3 月 10 日至 22 日，中共中央举行中央工作会议。这是粉碎“四人帮”后的一次重要会议，会议的主题就是商议恢复邓小平同志的职务。

1977 年 7 月 17 日，中共中央在北京召开十届三中全会，出席全会的代表们将手高高举起，一致通过《关于恢复邓小平同志职务的决议》。决议恢复了邓小平中共中央委员，中央政治局委员、常委，中共中央副主席，中共中央军委副主席，国务院副总理，中国人民解放军总参谋长的职务。

7 月 21 日，在十届三中全会上，邓小平说了一句推心置腹的话："出来工作，可以有两种态度，一个是做官，一个是做点工作。我想，谁叫你当共产党人呢，既

人物故事

叶剑英 叶剑英，广东梅县人，党和国家主要领导人之一，十大元帅之一，中国人民解放军的创建者和领导人之一，曾长期担任党和国家重要领导职务。1976 年，叶剑英元帅在粉碎"四人帮"过程中，发挥了决定性作用。随后，叶剑英又排除阻力，坚决主张请邓小平、陈云同志等老一辈革命家立即出来，担任党和国家的领导工作，主张平反一切冤假错案，坚决支持关于真理标准问题的讨论，为党的十一届三中全会确立正确的路线方针政策，实现党和国家工作的伟大历史性转折做出了重要贡献。

然当了，就不能够做官，不能够有私心杂念，不能够有别的选择。”

7月30日晚，邓小平到北京工人体育场观看中国香港足球队同中国青年足球队的比赛。当在中国政坛上沉寂了一年多的邓小平走上北京国际足球邀请赛看台上的一刻，数万名群众立即报以暴风雨般的热烈掌声！

经历了“三落三起”的邓小平，以73岁高龄再次复出，带领全党、全国各族人民进入了党和国家建设的新时期。

中国人民信任邓小平，所以，中国人民再次选择了邓小平！

3. 真理标准大讨论

粉碎“四人帮”的胜利，从危难中挽救了中国。但是，“左”的错误思想的惯性仍然十分强大，党和国家的工作艰难地在徘徊中前进。

当时的党中央主要领导人认为，要维护毛泽东思想，就不能否定毛泽东生前做出的任何决定和意见。这种错误思想集中地体现在1977年2月7日发表的《学好文件抓住纲》这篇文章中的两句话——“凡是毛主席做出的决策，我们都坚决拥护；凡是毛主席的指示，我们都始终不渝地遵循。”

1978年5月11日，《光明日报》刊登了《实践是检验真理的唯一标准》的特约评论员文章，鲜明地提出：检验真理的标准只能是社会实践；理论与实践相结合，是马克思主义的一个最基本的原则，任何理论都要不断接受实践的检验。这篇文章是在中央领导同志的关怀和支持下，经过许多理论工作者的反复推敲、修改完成的，历时7个月，十易其稿。全文约7 000字，从根本上否定了“两个凡是”。

当天，新华社转发了这篇文章。第二天，《人民日报》《解放军报》同时转载。文章引起了强烈的反响，当天晚上，就有电话打到人民日报社，指责这篇文章“犯了方向性的错误”。

就这样，关于真理标准问题的讨论热烈地展开了。

实践是检验真理的唯一标准

本报特约评论员

检验真理的标准只能是社会实践

理论与实践的统一，是马克思主义的一个最基本的原则

1978 年 5 月 11 日《光明日报》以特约评论员名义公开发表《实践是检验真理的唯一标准》

邓小平明确表态支持这篇文章。1977 年 4 月，在写给党中央的信中，邓小平针对“两个凡是”的观点，提出了“我们必须世世代代用准确的完整的毛泽东思想来指导我们全党全军和全国人民……要对毛泽东思想有一个完整的准确的认识……不能够只从个别词句来理解毛泽东思想，而必须从毛泽东思想的整个体系去获得正确的理解”。随后，邓小平在全军政治工作会议上、在去东北视察工作期间，都多次强调支持“实践是检验真理的唯一标准”。

在讨论遇到阻力的时候，邓小平的支持使真理标准

历史掌故

“左”的错误思想

人们习惯用“左”或“右”来区分政治派别或者政党。在国际上，一般来说进步的、革命的、代表社会广大中下层群众利益的个人、组织、团体、思想等，被称为左；保守的、孤立的、代表大资产阶级和大金融家利益的，或不惜损害其他民族利益以求本民族发展的个人、组织、团体、思想等，被称为右。所以，不刻意指出时，左的思想多为褒义的、正面的。但有时它也是贬义的，表示思想太左，脱离实际，超越客观，对内残酷斗争，对外“打倒一切”等。为避免混淆，后一种情况下，书写时一般将“左”字打上引号。

问题的讨论不断深入。截止 1978 年年底，全国中央及省级报刊共刊登关于真理标准问题的讨论性文章 650 多篇，终于使“实践是检验真理的唯一标准”这一马克思主义的基本观点家喻户晓，深入人心。

真理标准大讨论，是我们党历史上又一次思想解放运动。通过这场全国范围内的大讨论，广大干部群众统一了思想，打破了“两个凡是”的思想禁锢，为大规模地拨乱反正奠定了基础，也为即将召开的十一届三中全会做了充分的思想准备。

一篇文章就这样推动了历史的进程。在新中国历史上，很少有哪一篇学术文章像《实践是检验真理的唯一标准》这样，引起过如此之多的重视和争论，也很少有哪篇文章能像《实践是检验真理的唯一标准》这样，对当代中国的历史进程产生过如此重要而深远的影响！

4. 十一届三中全会

经过真理标准问题大讨论，全党、全国人民在思想上逐渐统一。在这个历史关头，党的十一届三中全会在北京召开，标志着党和国家正式开始了对中国特色社会主义道路的探索。

说到十一届三中全会，不能不提在全会之前召开的中央工作会议。1978 年 11 月 10 日至 12 月 15 日，中央工作会议在京西宾馆召开，这次会议共召开了 36 天，为十一届三中全会的召开做了充分准备，非常重要。

按照预定计划，中央工作会议的议题是谈论经济问

1978 年 12 月，中共十一届三中全会在北京召开

题。在进入议题之前，在讨论从 1979 年起全党工作着重点转移到现代化建设上来的问题时，这引起了与会代表的热烈讨论，并使会议很快脱离事先计划，如何实现党的工作重心的转移则成了这次中央工作会议的主要议题。很多人都说，只有把遗留问题解决好，才能真正达到全党、全军、全国各族人民的团结，把党的工作重心转移到社会主义现代化建设上来。

根据参加会议的代表们提出的意见，中央政治局常委做了认真研究，对“文化大革命”的遗留问题做了正确处理。12 月 13 日，中央工作会议举行闭幕会，邓小平在闭幕会上讲话，讲话的题目是《解放思想，实事求是，团结一致向前看》。

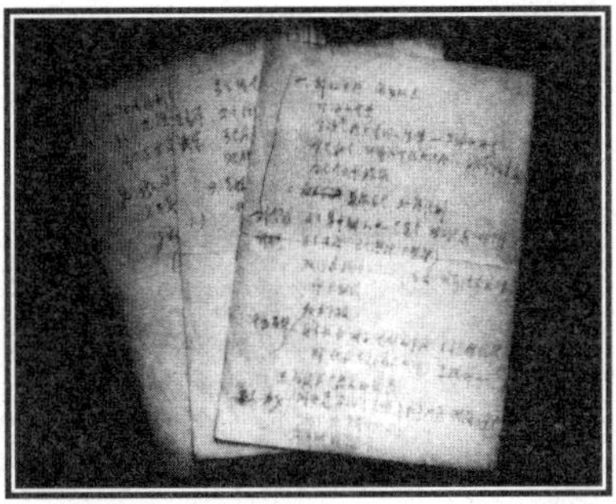

邓小平亲笔拟定的《解放思想，实事求是，团结一致向前看》讲话提纲手稿

邓小平在讲话中首先对这次中央工作会议做了高度评价。他说:“这次会议开得好，很成功，我们党多年没有开过这样的会议了。这次会议讨论和解决了很多有关党和国家命运的重大问题。大家敞开思想，畅所欲言，积极开展批评，一些同志做了自我批评。这些都是党内生活的伟大进步，对于党和人民的事业将起到巨大的促进作用。”接着，邓小平从四个方面深刻阐述了解放思想的问题:

第一，解放思想是当前的重大政治问题;

第二，民主是解放思想的重要条件;

第三，处理遗留问题为的是向前看;

第四，研究新情况，解决新问题。

邓小平的这篇讲话实际上是十一届三中全会的主题

报告，他在讲话中提出的“解放思想，开动脑筋，团结一致向前看”的口号，成了即将召开的十一届三中全会及其此后党的各项工作的指导方针。

12月15日，长达36天的中央工作会议落下了帷幕。12月18日，中国共产党第十一届三中全会在北京召开。由于中央工作会议已经对很多问题做了充分讨论，全会开得非常顺利，12月22日，全会胜利闭幕。

十一届三中全会是我们党历史上的伟大转折，全会批判了“两个凡是”的错误方针，重新确立了解放思想、实事求是的思想路线；做出了把全党工作的重心转移到社会主义现代化建设上来的决策，形成了以邓小平为核心的党的第二代中央领导集体。以这次全会为起点，中国进入了改革开放和现代化建设的历史新时期。

5. 恢复高考

“四人帮”被粉碎后，在教育和科技领域全面纠正“文化大革命”错误的一个重要标志，就是恢复高考。恢

1977 年 12 月的高考现场

复高考制度是邓小平复出后做出的一项重要决策，标志着我们党开始从“以阶级斗争为纲”转向以经济建设为中心，转向重视知识、重视人才的正确方向上来。

1952 年，我国第一次实行大学统一招生，建立起了新中国的高考制度。从 1952 年直到 1966 年“文化大革命”前，高等学校招生实行全国统一命题、一次考试、分批录取的办法。然而“文化大革命”开始后不久，高考就被废除，到 1976 年 10 月“四人帮”被粉碎时，高考制度已经整整被废除 10 年。

1977年，“文化大革命”的错误还没有得到彻底清算，国家教育部门对当年大学招生是沿用“群众推荐，领导批准”的办法，还是恢复“文化大革命”以前的考试办法举棋不定。7月，邓小平恢复了工作，主动要求主管科技和教育。8月初，邓小平亲自主持召开了教育工作座谈会，邀请30多位科学家和教育工作者参加，听

历史掌故

“文革”时期的“高考”

“文化大革命”开始后，从1966年至1969年，除台湾地区外我国其他大专院校均停止了招生，知识青年上山下乡，大学教师被下放到“五七干校”劳动。高等教育陷入了全面瘫痪。1970年，为落实毛泽东“大学还是要办的”及“要从有实践经验的工人农民中间选拔学生，到学校学几年以后，又回到生产实践中去”的指示，北京大学、清华大学等部分高校开始招收工农兵学员。1971年，全国教育工作会议做出规定：高等学校恢复招收新生，招收初中毕业经过两年以上劳动锻炼的工农兵学员。从1970年到1976年，按照“自愿报考，群众推荐，领导批准，学校复查”的原则，全国295所大专院校招收了7届工农兵学员共94万人。

取他们对高等教育现状的意见。会上，科学家和教育家们对“推荐上大学”表示了强烈不满，一致建议国务院下决心恢复高考。一位武汉大学的教授在座谈会上提出：招生是保证大学质量的第一关，好像工厂的原材料，不合格的原材料就不能生产出合格的产品。邓小平听到大家的意见，问道：“今年是不是来不及恢复了？”大家回答说：“今年恢复还来得及，最多晚一点。”邓小平听后，当即表示：既然大家强烈要求，今年就要下决心恢复高考。

教育工作座谈会结束后，由于当时对“文化大革命”的错误理论还未纠正，恢复高考招生制度一度陷入徘徊状态。随后，邓小平同教育部负责同志谈话，阐述了恢复高考制度的原因、招生的政策和标准问题，大力推动恢复高考的工作继续向前进行。由于邓小平的鼓励和支持，事情很快有了进展。

10 月 12 日，国务院正式批转了《关于 1977 年高等教育招生工作的意见》，决定恢复高考制度，实行统一考试，择优录取。凡工人、农民、上山下乡和回乡知识青

恢复高考后我国培养的第一批博士之一陈木法的学位证书

年、复员军人、干部和应届高中毕业生，均可报考。

就这样，无数年轻人翘首以盼的历史机遇终于来到了，他们欢欣鼓舞，奔走相告。当年冬天，共有 570 万青年走进了中断了 11 年的高考考场。第二年春天，高等学校录取新生 27.3 万人，这些知识青年在经过严格考试后，走进了大学校园，圆了大学梦，也为国家的人才梦奠定了第一层地基。1978 年秋天，有 610 万人报名参加高考，录取 40.2 万人。1977 级学生于 1978 年春天入学，1978 级学生秋天入学，两次招生仅隔半年。

历史的“轮回”终于带来了“尊重知识，尊重人才”的大转折，“恢复高考”的重大决策使我国的教育和科技事业获得了新生。这期间，我国培养了数以万计的各领域人才，他们已经成为各条战线的生力军，为我国现代化建设做出了巨大贡献。

6. 平反冤假错案

粉碎“四人帮”后，特别是党的十一届三中全会重新确定了正确的思想路线后，中国共产党有错必纠，拨乱反正，全面清算“文化大革命”的错误，全面展开大规模平反冤假错案的工作，无数受到不公正待遇的人获得了新生。

在“文化大革命”中，很多党和国家高级干部、民主人士、知识分子被立案审查，受到牵连的同事亲属更是难以计数。邓小平十分重视平反冤假错案的工作，他提出，凡是过去搞错了的东西，统统应该改正，要尽快实事求是地解决，干脆利落地解决，不要拖泥带水。在这一原则的指导下，中央和地方都加快了平反冤假错案的步伐。不久，在全国影响很大的几个冤案、假案得以平反，在“文化大革命”中遭受迫害的老干部的名誉逐渐得到恢复，很多民主人士、知识分子也陆续得到平反。

共和国历史上最大的冤案，是国家主席刘少奇在

“文化大革命”中受到林彪、“四人帮”的政治陷害和人身摧残，被撤销党内外一切职务。1969年11月，刘少奇因不堪忍受屈辱，含冤而死，党内外受到这起冤案牵连的同志不计其数。党的十一届三中全会后，越来越多的同志对扣在刘少奇头上的“三顶帽子”表示怀疑，向中央提出要对刘少奇的案件重新进行审查。

1979年2月，党中央做出决定，由中央纪律检查委员会和中央组织部对刘少奇一案进行复查。经过几个月的调阅案卷和外出调查，情况基本搞清，刘少奇的案子

刘少奇同志追悼大会

是件冤案。中央决定为刘少奇恢复名誉。

1980 年 5 月 17 日，在北京人民大会堂为刘少奇举行了万人参加的追悼大会。邓小平在追悼会上致悼词，他说："敬爱的少奇同志离开我们已经 10 多年了，林彪、江青一伙制造伪证，企图把他的名字从中国革命的历史上抹掉。但是正如少奇同志在处境最艰险时所说，'好在历史是由人民所写的'，历史宣告了林彪、'四人帮'一伙阴谋的彻底破产。历史对新中国的每个创建者和领导者都是公正的，不会忘记任何人的功绩。刘少奇同志和毛泽东同志、周恩来同志、朱德同志一样，将永远活在我国各族人民的心中。"

据不完全统计，从 1979 年到 1982 年，经中共中央批准平反的影响较大的冤假错案有 30 多件，全国平反纠正了约 300 万名干部的冤假错案，47 万多名共产党员恢复了党籍，数以万计的因与这些干部有亲属关系或工作关系而受牵连的干部和群众得以昭雪。

在这段时间里，邓小平繁忙的政治生活中一项经常性的活动，就是出席和主持各种悼念在"文化大革命"

中含冤而逝的老一辈革命家的追悼会。他先后参加了彭德怀、陶铸、刘少奇等13次平反昭雪的追悼会，为51位含冤逝世的同志敬献了花圈。

如此大规模的平反冤假错案，是古今中外所没有的。这表明，我们党已经恢复了实事求是的优良传统，在实事求是的原则指引下，中国人民将继续在社会主义大路上探索前进。

7. 全国科学大会

1978年3月，为了迅速恢复和发展在“文化大革命”中受到严重破坏的科研事业，向四个现代化进军，我国科学史上的空前盛会——全国科学大会，在北京人民大会堂举行。近6 000名代表出席了大会，满怀激情地共商振兴民族科技大计。

全国科学大会的会场主席台上悬挂着郭沫若为大会题写的“全国科学大会”的横幅，近6 000名代表出席了大会。他们是来自科研机构、高等院校、工厂、农村、

1978 年 3 月召开的全国科学大会上，陈景润与邓小平握手

部队、医院的科技人员，年纪最小的只有 22 岁，年纪最大的已经 90 岁。

参加会议的代表们有很多人都受过“文化大革命”的迫害，劫后余生，再次重逢，不禁老泪纵横，激动不已。

陈景润就是其中之一。

陈景润是中国科学院数学研究所的一名研究人员。他在数学领域的杰出贡献是发表了“陈氏定理”（又称“1+2”）。而这一享誉世界的成就，却是在中关村 88 号集体宿舍三楼，一间 6 平方米的锅炉房里完成的。这间锅炉房里除了一张床、一盏煤油灯和一个小桌子之外，再没有其他东西。

“文化大革命”期间，陈景润受到“帮派分子”的迫害，“白专”“寄生虫”“剥削者”“修正主义苗子”……都是扣在他头上的帽子。陈景润不顾迫害，仍然孜孜不倦地进行着数学研究。“帮派分子”不准他搞科研，他就在演算纸上面放一本《毛泽东选集》，只要有人进来，就拿起《毛泽东选集》盖上。1978年2月17日，《人民日报》发表了作家徐迟的报告文学《哥德巴赫猜想》。这篇文章用

人物故事

陈景润与哥德巴赫猜想　哥德巴赫是德国著名数学家，他提出的猜想是世界近代三大数学难题之一。1742年6月7日，哥德巴赫写信给当时的大数学家欧拉，提出了以下猜想：

(a) 任何一个≥6之偶数，都可以表示成两个奇质数之和；

(b) 任何一个≥9之奇数，都可以表示成3个奇质数之和。

这就是著名的哥德巴赫猜想。从此，这道著名的数学难题引起了世界上成千上万数学家的注意，但是没有人能充分证明它。目前最佳的结果就是陈景润对它的证明。

陈景润等荣获的国家科学技术委员会颁发的自然科学一等奖证书

生动的文笔，记述了陈景润不畏艰苦、勇攀科学高峰的动人事迹，在全国引起了轰动。

陈景润的遭遇引起了邓小平的高度重视。他多次过问陈景润的身体状况，并指示有关部门解决陈景润的实际问题。在这次科学大会上，陈景润作为中国知识分子的优秀代表坐在了会议主席台上，并且做了《科学有险阻，苦战能过关》的主题发言。邓小平亲自会见参会代表，与每一名代表亲切握手。当邓小平走到陈景润身边时，他握着邓小平的双手，有些局促紧张，却掩不住一脸的真诚和感激。

邓小平在会上做了长篇讲话，响亮地提出“科学技术是生产力”，“知识分子是工人阶级的一部分”，强调指出“四个现代化，关键是科学技术现代化”。

全国科学大会在科技界进行的拨乱反正，使广大科技工作者意气风发，就像中国科学院院长郭沫若在书面发言报告中所说：“现在，我们可以扬眉吐气地说，反动派摧残科学事业的那种情景，确实是一去不返了！科学的春天到了！”

8. 团结一致向前看

随着一系列拨乱反正工作的展开和深入，解决了中华人民共和国成立以来许多历史遗留问题，引起了国内外各界人士的广泛关注。如何看待中华人民共和国成立以后党的历史，如何评价毛泽东和毛泽东思想，成为当时我国政治生活中的一个大问题。邓小平认为必须做出一个历史决议，澄清人们对一系列重大历史问题的认识，把全党和全国人民的思想统一起来。

在这样的历史背景下，党中央开始着手起草《关于建国以来党的若干历史问题的决议》。

邓小平多次谈过对决议稿的起草和修改的意见。这些意见成为起草决议的“总的原则，总的指导思想”，主

《关于建国以来党的若干历史问题的决议》

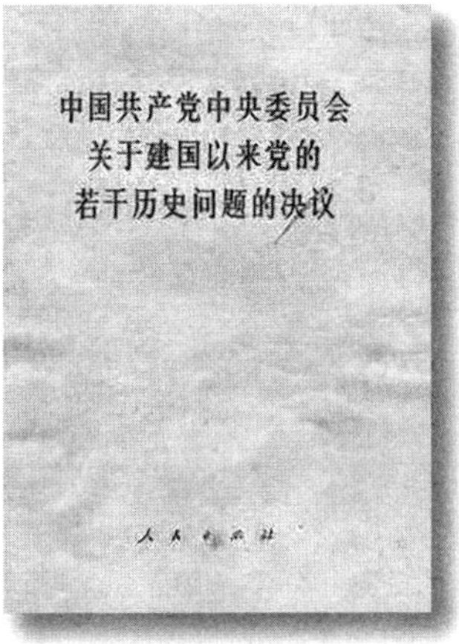

要有三条。第一，确立毛泽东同志的历史地位，坚持和发展毛泽东思想。这是最核心的一条。第二，对中华人民共和国成立以来历史上的大事，哪些是正确的，哪些是错误的，要进行实事求是地分析，包括对一些负责同志的功过是非，要做出公正的评价。第三，通过这个决议对过去的事情做个基本的总结，引导大家团结一致向前看。争取在决议通过以后，党内、人民中间思想得到明确，认识得到一致，使历史上重大问题的议论到此基本结束。

1980年8月21日、23日，以提问尖锐而著称的意大利女记者奥琳埃娜·法拉奇在采访邓小平时，一开始就触及了人们最关注的问题："天安门上的毛主席像，是否要永远保留下去？应当怎样看待毛泽东所犯的错误？"

邓小平直言回答了这个问题，他神情严肃地说："永远要保留下去。过去毛主席像挂得太多，到处都挂，并不是一件严肃的事情，也并不能表明对毛主席的尊重。尽管毛主席过去有段时间也犯了错误，但他终究是中国共产党、中华人民共和国的主要缔造者。我们要对毛主席一生的功过做客观的评价。我们将肯定毛主席的功绩

历史掌故

“三七开”

批评和自我批评是中国共产党人的优良作风，真正的共产党人从来都不惧怕批评和自我批评。作为中国人民的伟大领袖，毛主席曾对自己的一生功过有过一个经典的评价，认为自己是“三七开”，即七分功，三分过。最早在1961年8月，毛主席就跟自己的卫士张仙鹏说过：“我这个人啊，好处占70%，坏处占30%，就很满足了。我不隐瞒自己的缺点，我不是圣人。”无独有偶，毛主席对小平同志也做过类似评价。那是1973年12月15日，邓小平被重新起用不久，毛主席在主持军委会议时说：“我们现在请了一位总参谋长。他呢，有些人怕他，但是办事比较果断。他一生大概是三七开。你们的老上司，我请回来了，政治局请回来了，不是我一个人请回来的。”而邓小平同志对自己的评价是“五五开”，最多“四六开”。在1980年2月的一次会议上，邓小平说：“我们应该承认，不犯错误的人是没有的。拿我来说，能够四六开，百分之六十做的是好事，百分之四十不那么好，就够满意了，大部分好嘛。”

是第一位的，他的错误是第二位的。我们要实事求是地讲毛主席后期的错误。我们还要继续坚持毛泽东思想。毛泽东思想是毛主席一生中正确的部分。毛泽东思想不仅过去引导我们取得革命的胜利，现在和将来还应该是中国党和国家的宝贵财富。”

1981 年 6 月 27 日至 29 日，党的十一届六中全会在北京举行。会议审议通过了《关于建国以来党的若干历史问题的决议》，对中华人民共和国成立 32 年来党的重大历史事件特别是“文化大革命”做出了正确的总结，科学地分析了在这些事件中党的指导思想的正确和错误，分析了产生错误的主观因素和社会原因，实事求是地评价了毛泽东在中国革命中的历史地位，充分论述了毛泽东思想作为我们党的指导思想的伟大意义。

这份决议的产生，标志着中国共产党终于完成了指导思想上的拨乱反正，实现了伟大的历史性转变。以邓小平为核心的中国共产党第二代中央领导集体在完成了指导思想上的拨乱反正之后，开始带领全党和全国人民踏上全面进行社会主义现代化建设的新征程。

第二章

II 放眼世界

1. 调整对外政策

党的十一届三中全会召开后，党和国家的工作重心转移到经济建设上来，中国进入了社会主义建设新的历史时期。以邓小平为核心的党的第二代中央领导集体，开始制定新时期的外交政策，领导新时期的中国外交。

从 18 岁参加革命工作起，邓小平经历了发生在 20 世纪的历次中国历史大变革，亲身感受了 20 世纪世界局势的风云变幻。长期的革命实践经验，练就了邓小平高瞻远瞩、善于洞察国际形势变化的敏锐观察力。

自党的十一届三中全会做出改革开放的伟大决策以

来，邓小平更加积极地走出国门，观察世界，分析研究国际形势的新变化，以便做出与时代发展相适应的判断和决策。

中华人民共和国成立后，一直处于冷战的国际大背景中，党和国家领导人对发生战争的危险抱有高度警觉。十一届三中全会后，党和国家的工作重心转移到经济建设上来，争取和平的国际环境对国内建设非常重要。邓小平曾说："讲战争危险，从毛主席那个时候讲起，讲了好多年，粉碎'四人帮'后，我们又讲了好久。现在我们应该冷静地做出新的判断，这个判断，对我们是非常重要的"，"没有这个判断，一天诚惶诚恐的，怎么能安心地搞建设？"

这个判断，就是邓小平从全球战略高度出发，对世界形势做出的新判断——和平和发展是当代世界的两大主题。这一判断准确地抓住了时代的总特征，准确地抓住了关系世界全局的根本问题。

1985 年 3 月，邓小平会见日本商工会议所访华团，与访华团的谈话中说得更为清晰："现在世界上真正大的

历史掌故

和平共处五项原则

1953 年年底，周恩来总理在接见印度代表团时第一次提出和平共处五项原则，其内容是：互相尊重主权和领土完整、互不侵犯、互不干涉内政、平等互利、和平共处。这五项原则是中国奉行独立自主和平外交政策的基础和完整体现，半个多世纪以来，它已被世界上绝大多数国家所接受，成为规范国际关系的重要准则。

问题，带全球性的战略问题，一个是和平问题，一个是经济问题或者说发展问题。”

邓小平以对时代主题的把握为依据，规划了中国国际战略的蓝图：高举和平、反霸权主义的旗帜，实行独立自主的和平外交政策；坚定地同第三世界站在一起，永远不称霸；推动建立国际政治、经济新秩序；坚持以和平共处五项原则处理国家关系，为中国的发展与富强创造一个良好的国际环境。

基于此，邓小平不顾自己年事已高，身体力行，担负起了重塑中国外交格局的重任。20 世纪 70 年代末的几年，是邓小平外事活动最为繁忙的时期，他多次出访周边国家和西方大国，使世界更多地了解中国，推动中国走向世界，为中国的发展开创了全新的外交格局。

2. 中美建交

推动中美两国建交，实现中美关系正常化，是毛泽东、周恩来等共和国老一辈革命家的遗愿。

中华人民共和国成立后，中美两国关系一直处于对峙状态。1971 年春天的“乒乓外交”，打开了中美两国实现相互交往的大门。1972 年 2 月，美国总统尼克松访华，成为第一位访问中国的美国总统。在这次访问中，中美双方签署了《上海公报》。

《上海公报》是中美关系发展进程中具有重大意义的纲领性文件。它宣告两国结束了长达 23 年的对抗，

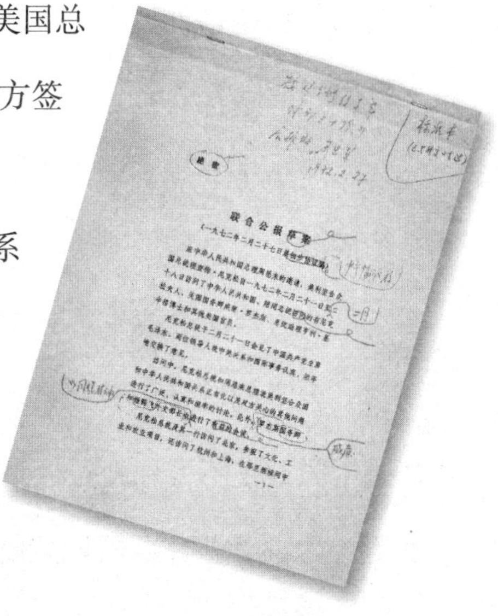

中美《联合公报》标准本底稿

1979 年 1 月，邓小平访问美国时，出席美国总统卡特的欢迎仪式

中美关系的发展翻开了新的一页。《上海公报》发表后，两国互设联络处，双边关系有了一定进展。但由于种种原因，两国关系正常化进展仍很缓慢。

邓小平复出主持工作后，在制订改革开放宏伟蓝图的同时，十分关心对美工作，并以巨大的热情和坚定的态度大力推动中美关系正常化。

台湾问题是中美关系发展道路上的一大障碍。台湾是中国领土不可分割的一部分，台湾问题是中国的内政，不容他人干涉。美国悍然侵犯中国领土和主权完整，与台湾当局签订《共同防御条约》，并且在台湾驻扎军队。1977 年 8 月 22 日，美国国务卿万斯访问中国，邓小平在接见他时直截了当地说明了中国的立场：“如果要解决问题，干干脆脆就是三条：断交、撤军、废约。为了照顾现实，我们可以允许保持美台间非官方的民间往来。至于中国的统一问题，还是让中国人自己来解决。我们中国人是有能力解决这个问题的，奉劝美国朋友不必为此替我们担忧。”

美国虽然接受了 3 个条件，但仍要求保留向台湾售武的权利。如果我方坚持 3 个条件，并在售武问题上与美僵持，就可能会失去建交的历史机遇。面对这种情况，邓小平指出，中美建交后，希望美国政府慎重处理同台湾当局的关系问题。如果美国继续向台湾出售武器，从长远讲，将会对中国以和平的方式解决台湾回归祖国的问题设置障碍，对中美关系的发展是不利的。因为邓小平的坚持，中美双方协定：美国接受 3 个条件，先建交，售武问题作为遗留问题在建交后通过协商解决。就这样，中美建交的最后障碍被排除了。

1978年12月15日，中美两国政府分别公布了《中华人民共和国和美利坚合众国关于建立外交关系的联合声明》，宣布：中、美两国将于1979年1月1日正式建交，两国关系掀开了新的历史篇章。

中美建交是两国关系中具有历史意义的重大转折，为促进中美两国人民的彼此了解，为进一步发展两国政治、经济、文化、科学、技术领域的交流和合作开辟了新的广阔前景。

1979年1月28日，邓小平对美国进行正式访问，引发全球瞩目，极大地推动了建交后中美关系的发展。邓小平访美期间，两国领导人签署了一系列双边协定，内容包括互设领事馆、互派留学生、能源开发、高能物理研究、空间技术开发和农业发展等方面的合作与交流。

在邓小平访美之后两年里，中美两国相继签订了35个协议，在高层互访、经贸合作、科技交流和民间交往各方面都有了长足的发展。中美两国的关系进入了全新的发展阶段。

3.《中日和平友好条约》

日本是中国的近邻，发展中日关系在邓小平的外交战略中具有十分重要的地位。

1972 年，中日两国发表《中华人民共和国政府日本国政府联合声明》，宣布两国恢复外交关系，实现中日邦交正常化。《联合声明》中明确规定："为了巩固和发展两国间的和平友好关系，同意进行以缔结和平友好条约为目的的谈判。"

随着中日邦交正常化，双方在政治、经济等方面的交流发展很快，两国要求尽早开展和平友好条约谈判的呼声日益高涨。

1974 年 11 月，中日双方开始着手准备《中日和平友好条约》的预备谈判，但由于在某些特定的问题上始终无法达成一致，进展非常缓慢。随着日本国内政权的变化和"文化大革命"在中国愈演愈烈，1976 年年初，谈判被搁置下来了。

“文化大革命”的结束为中日关系的发展提供了有利的国内环境。党的十一届三中全会形成了以邓小平为核心的党的第二代中央领导集体，而邓小平高度重视中日关系，为了将两国关系进一步向前推进，他提出尽早签订《中日和平友好条约》，推动中日关系向前发展。

1978 年 7 月，中断了近 3 年的谈判在北京重新举行，中日双方经过了 9 轮艰苦谈判，终于尘埃落定。8 月 12 日，北京人民大会堂安徽厅灯火辉煌，《中日和平友好条约》签字仪式在这里举行，中国外交部长和日本外相分别代表本国政府签署了条约。

1978 年 10 月，邓小平应邀对日本进行正式友好访问，并出席互换《中日和平友好条约》批准书的仪式。这是新中国的主要领导人首次对日本访问，这次访问对中日两国都具有深远的意义。

10 月 23 日，《中日和平友好条约》互换批准书的仪式在首相官邸大厅举行，大厅里灯火辉煌，由黄白菊花和红石竹花装饰起来的中日两国国旗格外鲜艳夺目。

在乐队高奏两国国歌后，中日双方在《中日和平友

1978年10月23日，中日双方互换条约批准书

好条约》批准书上签字，宣告《中日和平友好条约》从此生效。

《中日和平友好条约》基本内容是：

双方在和平共处五项原则的基础上，发展两国间持久的和平友好关系；

在相互关系中，用和平手段解决一切争端，而不诉诸武力和武力威胁；

双方将本着睦邻友好的精神，按照平等互利互不干涉内政的原则，为进一步发展两国之间的经济关系和文化关系，促进两国人民的往来而努力；

条约有效期为 10 年。

互换仪式结束后，福田首相致辞。他说："期待日中两国政府和人民重新保证、尊重这个条约的精神，忠实地信守这一缔约的各项条款，为加强和发展日中两国间持久的和平友好关系而努力。"

历史掌故

田中访华

尼克松 1972 年访华，在日本引起了强烈反响，日本国民要求与新中国建交的呼声也越来越高。在此情形下，时任日本首相佐藤荣秘密派相关人员给中国总理周恩来捎信，表示要"亲自访华"。由于佐藤荣自 1964 年 11 月 9 日当政以来始终采取敌视中华人民共和国的政策，早已失去了中国政府和人民的信任，所以他的请求当即被周恩来以"佐藤政府说了不做"为由断然拒绝。周恩来还明确宣布：中日谈判不以佐藤为对象。1972 年 7 月 6 日，佐藤被迫辞职，田中角荣当选为新任首相，并积极谋求中日关系正常化。对此，中国领导人迅速做出回应，明确向田中发出访华邀请。9 月，田中角荣不顾日本右翼分子的威胁，应邀访华，并与中国政府签署了《中日两国政府联合声明》，开创了中日关系新局面。

《中日和平友好条约》签订后，邓小平强调："对中日两国来说，过去的事情就让它过去，我们今后要积极向前看，从各个方面建立和发展两国的和平友好关系。"

《中日和平友好条约》的签订对中日两国关系的发展具有深远意义。《中日和平友好条约》是两国关系在 1972 年中日邦交正常化的继续和发展，为两国的睦邻友好关系奠定了更加稳固的基础，为进一步发展两国政治、经济、文化、科技等各方面的交流开辟了更加广阔的前景，对维护亚洲和太平洋地区的和平与安全产生了积极的影响。

4. 中苏关系正常化

1989 年 5 月 16 日上午，北京人民大会堂一楼东大厅内布置着中苏两国国旗，沙发间的茶几上摆放着一束束鲜花，100 多位中外记者翘首以盼，等待着采访一次非同寻常的高级首脑会晤。这一引起全世界广泛关注的重大事件，就是邓小平与苏共中央总书记戈尔巴乔夫即将举行的历史性会见，这是 30 年来中苏两国最高领导人之间的首次会晤。

新中国和苏联原本拥有深厚友谊和同盟关系。20世纪60年代初，由于双方意识形态的分歧而导致关系恶化。60年代中期，他们在蒙古和中苏边境大量驻军。70年代后期，他们支持越南入侵柬埔寨，并出兵对阿富汗实行军事占领。这样，苏联就从北面、南面、西面对中国形成了军事包围态势，严重威胁着中国的安全。

1986年9月，美国哥伦比亚广播公司《60分钟》节目记者华莱士来到中国，对邓小平进行了采访。华莱士就中苏关系问了邓小平一个问题：你是否愿意会见戈尔巴乔夫？邓小平回答说："越南入侵柬埔寨问题是中苏关系的主要障碍，越南在柬埔寨驻军也是中苏关系的热点问题。只要这个问题消除了，我愿意跟戈尔巴乔夫见面。我可以告诉你，我现在年龄不小了，过了82（岁）了，我早已经完成了出国访问的历史任务。我是决心不出国的了。但如果消除了这个障碍，我愿意破例地到苏联任何地方同戈尔巴乔夫见面。我相信这样的见面对改善中苏关系，实现中苏国家关系正常化很有意义。"

邓小平与戈尔巴乔夫正式会晤

历史掌故

越南入侵柬埔寨

1978年12月，越南当局为实现其称霸东南亚的野心，在苏联的怂恿和支持下，对邻国柬埔寨发动了全面武装入侵战争，战争持续了近12年。在柬埔寨军民的坚决抵抗下，在国际舆论的强大压力下，在世界各国特别是东盟国家和中国的大力支持下，越军在柬埔寨战场上伤亡25万余人，损失惨重，并最终在1989年1月宣布将于当年9月之前撤出柬埔寨。

尽管中国最高领导人公开表示愿意前往苏联举行两国首脑会晤，但由于柬埔寨问题没有得到解决，中苏关系没能取得实质性进展。

1988年是中苏关系改善关键性的一年，随着世界政治、军事、经济及其他各种力量对比的消长，美苏两国左右世界局势的能力都在削弱。苏联出于内政外交的需要，不能不顺乎和平与发展的时代主流来制定对外政策。于是，有利于中苏关系改善的重大步骤相继出台。

4月14日，苏联在《日内瓦协议》上签字，承诺从5月15日起从阿富汗撤军，并在9个月内全部撤完。

9 月 16 日，戈尔巴乔夫宣称，苏联准备促进柬埔寨问题尽快解决，并表示愿意立即开始筹备中苏高级会晤。随后，越南对外宣布，将从柬埔寨撤出其全部军队。12 月 7 日，戈尔巴乔夫宣布，苏联单方面裁军 50 万人，并在两年内撤回驻扎在蒙古的大部分军队。中苏关系进展的障碍得以扫清。

1989 年 2 月，苏联外长访问中国。双方经磋商确定，5 月 16 日在北京举行中苏最高级会晤。在这次会晤中，中苏关系实现了正常化。

改善中苏关系，对维护世界和平有着重大的意义。邓小平与戈尔巴乔夫的历史性会晤，是中苏关系的转折点，为中苏关系及后来的中俄关系的发展揭开了新的篇章。

第三章

对内改革

1. 家庭联产承包责任制

党的十一届三中全会吹响了中国改革的号角，但改革该从何处入手，这是摆在中国人民面前的一个重要问题。

中国的改革是以农村改革为突破口的。为什么要从农村开始呢？邓小平说，“农村人口占我国人口的 80%，农村不稳定，整个政治局势就不稳定。农民没有摆脱贫困，就是我国没有摆脱贫困”，“工业的发展、商业和其他的经济活动，不能建立在人口贫困的基础上”。

我国农村的改革途径，是一些农民在实践中逐渐摸索出来的。

安徽省凤阳县的小岗村，是当时全国有名的穷乡村。改革开放前，粮食年年靠国家救济，农民生活很艰苦。1977 年，安徽发生大旱，地里的庄稼全部枯死。遇上天灾，农民们没有办法，只好背井离乡，外出讨饭。

吃不饱肚子的农民们，开始琢磨活下去的办法。严俊昌是小岗村生产队队长，为了让乡亲们不再挨饿，他搞起了“包产到户”。

1978 年 11 月 24 日晚上，在小岗村一座低矮破旧的茅屋里，严俊昌带着 18 位农民，在“包产到户”的契约书上按下了红手印。契约书上写着：

> 我们分田到户，每户户主签字盖章。如以后能干，每户保证完成全年的上交（缴）公粮，不在（再）向国家伸手要粮。如不成，我们干部作（坐）牢杀头也甘心，大家社员们保证把我们的小孩养活到 18 岁。

所谓“包产到户”，就是农民们将土地分到各家各户，自己种粮自己收。这是当时的政策所不允许的事情。

这18位农民为了表示分田到户的决心，不顾生命危险，写下了契约书。这在当时是一个勇敢而伟大的创举。

偷偷摸摸搞起来的"包产到户"终于使农民们有了好收成。1979年的秋天，是一个收获的季节。小岗村打谷场上一片金黄，当年粮食总产量66吨，这相当于全队1966年到1970年5年粮食产量的总和。"包产到户"极大地调动了农民的积极性，农民们为自己种田，即便是土疙瘩也会想法使它长出庄稼来。可是，有

历史掌故

中央一号文件

中央一号文件原指中共中央每年发布的第一份文件，它在国家全年工作中具有纲领性和指导性地位。从1982年至1986年，中共中央连续5年发布以农业、农村和农民为主题的中央一号文件，对农村改革和农业发展做出具体部署。在改革进程中，这5份中央一号文件激发了亿万农民的生产积极性，开创了中国农村改革发展的新局面。自此，农民收入稳定快速增长，越过贫困线，从温饱向小康迈进。"中央一号文件"也因此成为中共中央重视农村问题的专有名词。

人认为“包产到户”是资本主义，会影响集体经济的发展，于是在报纸上刊登了批判文章，引起了一阵风波。

邓小平对“包产到户”给予了充分肯定。他说：“农村政策放宽以后，一些适宜搞包产到户的地方搞了包产到户，效果很好，变化很快，增产幅度很大。”对于一些同志中存在的这样做会不会影响集体经济的担心，邓小平说：“这种担心是不必要的，我们总的方向是发展集体经济。”他还指出，“现在农村工作中的主要问题还是思想不够解放。”

邓小平的话，极大鼓舞了安徽凤阳小岗村的农民，也向全国人民传达了一个明确的信息：农村改革势在必行。

安徽凤阳农民喜获丰收

中华人民共和国成立35周年庆典上的农民游行队伍

1980年9月，《关于加强和完善农业生产责任制的会议纪要》出台，《纪要》提出要支持群众“包产到户”的要求，并在较长时间内保持稳定。从此，农村改革由局部试验进入到全面推广阶段。

1982年1月1日，中国共产党历史上第一个关于农村工作的一号文件正式出台，明确指出“包产到户”是社会主义集体经济的生产责任制。到1983年，全国农村实行包产到户和大包干的生产队达到93%。此后，我国政府不断稳固和完善家庭联产承包责任制，鼓励农民发

展多种经营，使广大农村地区迅速摘掉了贫困落后的帽子，逐步走上富裕的道路。中国因此创造了令世人瞩目的奇迹——用世界上7%的土地养活了当时世界上22%的人口。

2. 个体户和乡镇企业崛起

随着家庭联产承包责任制在全国实行，生产力得到极大解放，劳动效率大大提高，人们再也不愁吃不饱肚子。随着温饱问题的解决，有越来越多的人，开始寻找让生活富裕起来的办法。

在江苏省华西村，一个名叫吴仁宝的人办起了小五金厂，每天“叮叮当当”敲击声不断。

在浙江省萧山区，一个名叫鲁冠球的人办起了农机厂，生产一些小农具、小配件，给农民供货。

在北京，一个叫尹盛喜的人，丢掉了“铁饭碗”，带着几个待业青年办起了“北京大碗茶”茶社，开始了艰苦的创业。

在安徽省芜湖市，一个叫年广久的人凭借独特的炒货手艺，炒出了在全国都很有名气的“傻子”牌瓜子，早已成为了“万元户”。

……

这些，就是中国大地上如雨后春笋般冒出来的乡镇企业和“个体户”。

乡镇企业是改革开放前的社队企业。“文化大革命”中，很多社队企业被关闭。党的十一届三中全会以来，随着人民生活水平的提高，农民们为发家致富，暗地里自发恢复和发展社队企业，渐渐发展成乡镇企业。而像尹盛喜这样，以卖小吃、理发、修鞋、修家具等活计为生的人，被称为“个体户”，他们的身份大多是回城知青和没有职业的城市居民。在当时，“个体户”是很不受人尊重的行业，但正是这些人，发展出了一种新的经济形式，成为“街边创

“北京大碗茶”茶社里卖茶水用的铜茶壶

尹盛喜创办的“北京大碗茶”茶社

业第一代”。

因为与传统观念不符，乡镇企业和“个体户”初露头角之际，受到了方方面面的指责，如“挖社会主义墙角”“助长了不正之风”“乡镇企业以小挤大”“以落后挤先进”等。媒体上也经常看到各种负面报道。

对于乡镇企业和“个体户”在发展过程中遇到的种种困难，邓小平给予了极大的鼓励与支持来推动这种新的经济形式不断向前发展。1983 年 1 月 12 日，邓小平在一次谈话中说：“农村、城市都要允许一部分人先富起来，勤劳致富是正当的。一部分人先富起来，一部分地区先富起来，是大家都拥护的新办法。新办法比老办法好。”“总之，各项工作都要有助于建设有中国特色的社会主义，都要以是否有利于人民的富裕幸福，是否有利于国家的兴旺发达，作为衡量做得对或不对的标准。”

1980 年，全国劳动就业工作会议召开。在这次会议上，中央提出“鼓励和扶持个体经济适当发展，不同经济形式可同台竞争，一切守法个体劳动者都应受社会尊重”。1981 年，《中共中央、国务院关于广开门路，搞活经济，解决城镇就业问题的若干决定》发布。《决定》明确指出：“城镇青年就业是国民经济中的一个重大问题……今后在调整产业结构的同时，必须着重开辟在集体经济和个体经济中的就业渠道。”

就这样，乡镇企业和“个体户”逐渐发展壮大。到1983年，乡镇企业的工业产值突破2万亿元，占中国工业总产值的二分之一，乡镇企业职工人数已达1.02亿人，超过国有企业。邓小平用“异军突起”来形容乡镇企业，充分说明了这种经济形式在经济体制改革中的重要地位和作用。

3. 城市经济体制改革

中国的经济体制改革，是从农村开始的。家庭联产承包责任制的实践经验不仅给农业生产注入了生机和活力，也为进一步改革积累了经验。正是在农村改革的基础上，我国开始了城市经济体制的改革。中国的改革进入了新阶段。

邓小平曾说：“改革是一个探索的过程，我们只能‘摸着石头过河’，在实践中解决问题。”他以这种求真务实的作风，寻找到了城市经济体制改革的答案。

国营企业是城市经济体制改革的重点。在计划经济体制下，企业生产什么、生产多少、用什么方式生产，都由国家统一计划。生产原料由国家供应，产品由国家销售，利润全部上交国家，用钱必须再向国家申请。企业没有自主权，工人生产的积极性和主动性全靠自觉。

党和国家积极号召提高企业和个人的生产积极性。邓小平曾说："现在我国的经济管理体制权力过于集中，应该有计划地大胆下放，否则不利于充分发挥国家、地方、企业和劳动者个人四个方面的积极性，也不利于实行现代化的经济管理和提高劳动生产率。""当前最迫切的是扩大企业和生产队的自主权，使每一个工厂和生产队能够千方百计地发挥主动创造精神。""全国几十万个企业，几百万个生产队都开动脑筋，能够增加多少财富啊！为国家创造财富多，个人的收入就应该多一些，集体福利就应该搞得好一些。不讲多劳多得，不重视物质利益，对少数先进分子可以，对广大群众不行，一段时间可以，长期不行。"

在这一原则的指引下，我国城市经济体制改革的序幕拉开了。

1984年10月，党的十二届三中全会通过了《中共中央关于经济体制改革的决定》

1978年10月，经国务院批准，四川省选择了具有代表性的6家地方国营工业企业率先进行了“扩大企业自主权”试点。

1979年1月，在确定扩大企业自主权试验的企业的基础上，四川省制定了14条试点办法。这14条办法的核心内容，就是要让企业有经营自主权，放开手脚搞改革，以调动企业的积极性和主动性。

1979年4月5日，中共中央召开工作会议，明确提出要扩大企业自主权，在全国范围内搞好国营企业改革试点。此后，扩大企业自主权的改革在全国逐步铺开。

1984年10月20日，党的十二届三中全会通过了《中共中央关于经济体制改革的决定》，以这项决定为标志，我国的城市经济体制改革全面展开。这一时期城市经济体制改革的主要内容是：扩大国营企业经营自主权，改革经营方式，使企业更多地与市场直接联系，把计划机制与市场机制结合起来，实行价格、工资改革，初步为企业竞争创造平等的市场环境。

改革逐步推行后，我国城市经济运行方式和城市居民生活发生了巨大变化，企业发展获得了更多的自主权。国家放开了过去计划管制的许多产品与领域，下放了一批国营企业。传统的统购统销模式被打破，实行多年的凭票证定量粮油的制度逐渐被历史淘汰。

历史掌故

票证制度

在计划经济时期，因商品供应不足，为保障人们的吃、穿、用等生活必需品和短缺资源的合理分配，国家实行商品按计划供应制度，即按人口定量发行粮票、布票、肉票等专用购买凭证。这些凭证被统一称为“票证”，居民用这些票证领取、购买生活必需品和短缺资源。随着改革开放的实施，我国经济迅速发展，走过了 40 多年历程的票证，终于在 20 世纪 90 年代逐步退出了历史舞台。

邓小平曾说：改革是前无古人的事业，是一场伟大的试验，是一场革命。改革也是“摸着石头过河”，在书本上没有现成答案、现实中没有学习榜样的情况下，最初的改革具有探索的性质。但是，这种探索逐步打破了原有的体制，为中国的发展注入了强大的活力。正是在不断探索的过程中，中国人民逐渐找到了答案，初步建立起了适合我国国情的社会主义市场经济体制！

4. 中国第一只股票

1984 年，上海飞乐音响股份有限公司发行了股票“小飞乐”，这是改革开放后我国公开发行的第一只股票。“中国第一股”出现的背后有着怎样一段传奇故事呢？

提到“小飞乐”，就不能不提上海飞乐音响股份有限公司董事长秦其斌。秦其斌是一个富有开拓精神的人，党的十一届三中全会吹响改革开放的号角后，他雄心勃勃，希望上海飞乐音响公司能够不断发展壮大。但企业要发展，资金的短缺成了棘手的问题。秦其斌以前听说过集资入股办企业的事。情急之下，他提出了股份制的最初想法：向企业内部职工筹集资金作为公司的股份。这样，既解决资金问题，又能把职工的利益和企业的命运捆绑在一起，是一举两得的好事。

可是，在刚刚实行改革开放的年代，冲破计划经济的阻力不是一件容易的事，很快就有人对此事议论纷纷，厂里职工也对出资认购股份有种种顾虑和质疑。但秦其斌已经下定决心。他决定大胆向前走一步，如果厂里职工不认同，就向社会公开发行。

随后，秦其斌在《新民晚报》上发了一篇百余字的

中国第一只股票——“小飞乐”

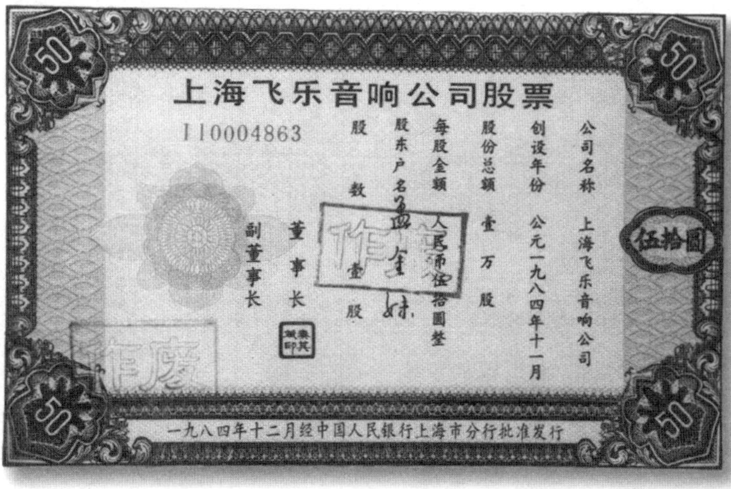

文章，向社会集资募股。这篇文章在社会上引起了极大反响，打到报社询问股票发行的电话始终不断。一位上海外贸学院的教授给秦其斌写来一封热情洋溢的信件，称赞他说：“你是英雄，走了一条非常伟大的道路，勇气了不得！”

有了这样的反响，秦其斌对实行股份制的信心更足了。1984 年 11 月 14 日，上海飞乐音响股份有限公司面向社会公众及职工发行股票，总股本 1 万股，每股面值 50 元，共筹集 50 万元股金，其中 65% 向社会公众公开发行。就这样，上海飞乐音响股份有限公司成为中国历史上第一家股份制企业。飞乐音响公司发行的股票，成为我国历史上第一只真正意义上的股票，人们亲切地称其为“小飞乐”。

发行股票的那天，许许多多的热心人早早来排队购买股票，队伍排成了一眼望不到头的长龙，人头攒动，人心沸腾，真是盛况空前。后来，秦其斌不无感慨地说：“没有这些热心人的捧场，‘小飞乐’一生下来就会是‘弃儿’，他们才是真英雄！”

就这样，“小飞乐”承担起了我国证券市场从无到有——零的突破，虽然没有严格意义上的发行承销商，也没有明确详细的法律法规，但秦其斌就这样摸索着创立了中国第一只股票。秦其斌曾说，可以用“无知者无畏”来形容他创立“中国第一股”的心态，用“水到渠成”来说明股份制改革是历史的必然，大势所趋。

历史掌故

东印度公司股票

股票已有 400 多年的历史。1602 年，荷兰东印度公司在荷兰阿姆斯特丹成立，该公司是世界上最早的股份有限公司，它推出了世界上第一只股票——东印度公司股票。荷兰东印度公司是一家具有国家职能、向东方进行殖民掠夺和垄断东方贸易的商业公司。它通过向全社会融资，成功地将社会分散的财富变成了自己对外扩张的资本，继而从东南亚及其他荷兰殖民地赚取、掠夺来大量财富，间接地促进了股份公司这种企业组织形态的逐步普及。相应的，以股票形式集资入股的方式也得到发展，并且产生了买卖、交易、转让股票的需求。这样，就带动了股票市场的出现，并于 1609 年促成了世界上第一个股票交易所——阿姆斯特丹股票交易所的诞生。

1986年11月14日，美国纽约证券交易所的董事长约翰·范尔林先生访问中国，邓小平亲切地会见了范尔林先生，并将一张“小飞乐”股票赠送给了他，作为历史的见证，这张“小飞乐”被珍藏在纽约证券交易所的橱窗内。

5. 百万大裁军

1984年10月1日，是中华人民共和国成立35周年的日子。此刻的天安门广场正在举行建国35周年的庆典活动，即将在这里举行的规模盛大的阅兵式引起了世人的注目。这不是一次简单的阅兵式，而是检阅在邓小平新时期军队和国防建设思想的指导下，人民解放军在迈向现代化、正规化进程中所取得的巨大成果。

军乐队奏响了雄壮的《解放军进行曲》，邓小平登上检阅车，随后检阅了战功卓越的人民解放军。这次阅兵获得了巨大的成功，在国际上受到普遍赞誉。

1984年11月1日，就在国庆大阅兵一个月以后，中央军委在京西宾馆召开座谈会。邓小平随和而亲切地望着与会的高级将领们："从哪里说起呢？从这次国庆阅兵讲起吧。我不是讲这次阅兵如何，这次阅兵是不错的，国际国内反映都很好。我说有个缺陷，就是 80 岁的人来检阅部队，本身就是个缺陷……"

听到这句话，将军们就已经知道邓小平在讲军队高层领导的老龄化问题，这触及了参加会议的将领们的敏感问题——军队臃肿，这也是个不容回避的现实问题。

在会上，邓小平对国内外形势做了精辟的分析。中国已经同美国建立了外交关系，同苏联的关系也在改善。中国需要一个和平的国际环境，并正在努力争取一个和平、稳定的周边环境。军队建设要服从国家建设大局，应该腾出力量来支援国民经济的发展。在这次会议上，作为中央军委主席的邓小平明确提出，军队要减少员额 100 万。

1985 年 6 月 4 日，邓小平在中央军委扩大会议上正式宣布中国人民解放军减少员额 100 万。6 月 10 日，全世界的电波都在传递着新华社的一条消息："中国政府决

邓小平在建国 35 周年庆典上检阅海陆空三军受阅部队

定，中国人民解放军减少员额 100 万。”

按照邓小平的指示，中央军委主要采用撤、并、降、交、改、理的办法对军队进行精简整编。撤，就是成建制地撤销部队；并，就是合并机构；降，就是降低有些单位的机构等级和压缩其规模；交，就是部分属于政府职能的机关部队交给国家和地方政府有关部门；改，就是对部分单位实行企业化管理，将部分干部职务改为士官；理，就是调整理顺各方面关系。这些办法，既能使军队“消肿”，又能促进军队建制向合理化发展。

这次裁军，中央军委所属的总参谋部、总政治部、总后勤部的机关人员精简了近半，原来的11个大军区合并精简为7个，军队内部官兵比例达到1∶3.3。事实证明，中国军队的这场整编“大手术”是做得利落而成功的。到“国际和平年”1986年到来的时候，中国人民解放军已经从总体上完成了减少100万员额的战略性转变。

百万大裁军，是中国共产党、中国政府和中国人民有力量、有信心的表现。我们以实际行动向世界人民表明了维护世界和平的诚意。作为中国的“裁军年”，1985年也被载入了史册。

6. 实现干部队伍“四化”

“文化大革命”后，随着大规模平反冤假错案工作的展开，曾经遭受迫害的老干部纷纷走上各级领导岗位，为国家的现代化建设做出了杰出的贡献。随着时间的推移，党的干部队伍开始出现了严重老化的问题。为此，

1982 年 9 月，中央顾问委员会举行第一次全体会议

邓小平多次提出：要实现干部队伍的革命化、年轻化、知识化、专业化，完成新老干部交替工作。

他敏锐地认识到，顺利完成新老干部交替，是从组织上保证改革开放政策的连续性和国家长治久安的重大战略措施，而新老交替的关键则是老同志占着位子的问题，很多老同志不愿交班。针对这一情况，邓小平提出设立中央顾问委员会。

中央顾问委员会是以邓小平为代表的中国共产党人在特殊的历史条件下，为解决干部系统吐故纳新、新老交替而创造的一个过渡性的组织形式。这对于培育和提拔年轻干部虽然起到了积极的作用，但不能解决根本问题，重要的是要建立退休制度。

1980 年 8 月，在中央政治局扩大会议上，邓小平郑重提出建立退休制度。他在这一年辞去了国务院副总理职务，并多次提出希望尽早退出所有职务。在此次会议上，他还提出遴选干部要注意德才兼备。“所谓德，最主要的，就是坚持社会主义道路和党的领导。在这个前提下，干部队伍要年轻化、知识化、专业化，并且要把对于这种干部的提拔使用制度化。”

同年 12 月，邓小平在中共中央工作会议上又指出：“要在坚持社会主义道路的前提下，使我们的干部队伍年轻化、知识化、专业化，并且要逐步制定完善的干部制度来加以保证。提出年轻化、知识化、专业化这三个条件，当然首先是要革命化，所以说要以坚持社会主义道路为前提。”

1982 年 12 月，在中共十二大上“干部四化标准”被写入了大会通过的新党章。革命化是对干部队伍政治素质的要求，主要指坚持四项基本原则，拥护和执行党的基本路线，在政治上同中共中央保持一致，不以权谋私，全心全意为人民服务，党性强，作风正派等。年轻化是对干部年龄的要求，主要指年富力强，精力充沛，能够胜任繁重的工作。一方面不断把优秀中青年干部选拔到领导岗位上，一方面实行离退休制度，使各级领导班子有一个合理的年龄结构。知识化是对干部文化水平的要求，主要指不断提高科学文化水平，以适应现代化建设的需要，既要注重学历，又要注重真才实学。专业化是对干部专业水平和业务能力的要求，主要指专业技术、知识，使之成为精通本行的行家和能手。

干部“四化”是相互联系，不可分割的整体。不讲革命化就会迷失方向；只讲革命化，不讲知识化、专业化，又会成为空头政治家；年轻化则是适应新陈代谢规律，要不断培养社会主义事业的接班人，以保证社会主义建设持续不断发展的需要，是用人唯贤、德才兼备的干部路线在新形势下的发展。

干部“四化”为改革开放的政治路线提供了组织保障，是中国政治体制改革乃至整体改革的起始点。

1989 年 11 月，党的十三届五中全会召开，这次会议的议题之一就是邓小平的退休问题。下午3时，参加会议的代表们进行表决，正式通过了邓小平辞去中共中央军事委员会主席的请求，邓小平正式退休了。这对一位参加革命60余年的85岁的老人来说，是人生中一个重要的日子。

会议结束后，邓小平来到人民大会堂，向出席党的十三届五中全会的全体代表道别。当邓小平一行人走进

历史掌故

中央顾问委员会

中央顾问委员会成立于1982年的中共十二大，是为解决中国共产党中央领导机构新老交替而特别设立的过渡性质的组织形式。当选中央顾问委员会委员需具备以下条件：必须具有40年以上党龄，对党有过较大贡献，有较丰富的领导工作经验，在党内外有较高声望。中央顾问委员会的任务是："对党的方针、政策的制定和执行提出建议，接受咨询；协助中央委员会调查处理某些重要问题；在党内外宣传党的重大方针、政策；承担中央委员会委托的其他任务。"1992年10月，在党的十四大上，根据中顾委工作报告中提出的建议，大会同意不再设立中顾委，并在党章中删去了有关的条文。

人民大会堂大厅，顿时整个大厅响起热烈的掌声。邓小平站在麦克风前对代表们说：“感谢同志们的理解和支持，全会接受了我退休的请求。衷心地感谢全会，衷心地感谢同志们。”

邓小平身体力行，主动提出退休。在他的带动下，一大批老干部为了党的事业退出了中央领导岗位，从而为第二代中央领导集体向新的中央领导集体顺利过渡、为党的第三代中央领导集体的形成创造了充分的条件。

7.“三步走”宏伟蓝图

实现四个现代化，把中国建设成为一个现代化的社会主义强国，这是中国共产党人矢志不移的奋斗目标。从党的十一届三中全会决定实行改革开放为起点，邓小平用了9年的时间，为中国的经济发展绘制出了“三步走”的宏伟蓝图。从此，中国的经济体制改革有了明确的、具体的奋斗目标。

1979年12月，日本首相大平正芳访问中国，邓小

中国共产党第十三次全国代表大会在北京召开

平在会见大平正芳时，第一次提出“小康”的概念。在这之后，他又多次提出这一概念。1982 年 9 月，中国共产党第十二次全国代表大会召开。在这次大会上，中共中央正式把 20 世纪末实现小康确立为中国经济发展的战略目标。“小康”一时之间成为国际国内议论的热点，中国人民对未来的小康生活充满了美好的憧憬。

而此时邓小平的脑海里，出现的却不仅仅是实现小康的壮美蓝图。在制定出 20 世纪末的小康目标之后，邓小平开始考虑中国未来更长远的奋斗目标。1984 年 10

月 6 日，邓小平在会见参加中外经济合作问题讨论会的全体中外代表时说："在本世纪末实现小康的基础上，再发展 30 年到 50 年，我们就可以接近发达国家的水平。"邓小平开始把我国经济发展规划的时间由 20 世纪末延伸到 21 世纪中叶，并把目标定在接近发达国家的水平上。

1987 年 2 月，随着改革开放的顺利进行，邓小平对 21 世纪中叶的发展目标做了一个重大的调整，把之前提出的"接近发达国家的水平"改为"达到中等发达国家的水平"。1987 年 4 月 30 日，邓小平在同西班牙政府副首相的会谈中，第一次完整地描绘了"三步走"经济发展战略。他说："我们原定的目标是，第一步在 80 年代翻一番。以 1980 年为基数，当时国民生产总值人均只有 250 美元，翻一番，达到 500 美元。第二步是到本世纪末，再翻一番，人均达到 1 000 美元。实现这个目标意味着我们进入小康社会，把贫困的中国变成小康的中国。那时国民生产总值超过 1 万亿美元，虽然人均数还很低，但是国家的力量有很大增加。我们制订的目标更重要的还是第三步，在下世纪用 30 年到 50 年再翻两番，大体上达到人均4 000美元。做到这一步，中国就达到了中等发达的水平。这是我们的雄心壮志！”

1987年10月25日至11月1日，党的第十三次全国代表大会在北京召开。在这次会议上，邓小平提出的“三步走”经济发展战略得到了全党的确认。十三大报告提出了“三步走”的经济发展战略部署：第一步，实现国民生产总值比1980年翻一番，解决人民的温饱问题；第二步，到20世纪末，使国民生产总值再增长一倍，人民生活达到小康水平；第三步，到21世纪中叶，人均国民生产总值达到中等发达国家水平，人民生活比较富裕，基本实现现代化。

从邓小平提出“小康”到今天，我们已经走过近40年不懈奋斗的历程。这期间，我们实现了从温饱到基本小康的发展目标，中国人民不会动摇、也不会懈怠，中国人民将在实现社会主义现代化的道路上，继续奋勇前行。

IV

第四章

对外开放

1. 对外开放“先遣队”

由于诸多原因，中华人民共和国成立后长期孤立于世界，也因此长期处于停滞和落后状态。邓小平曾说：“中国的发展离不开世界。”党的十一届三中全会将对外开放作为一项基本国策，这标志着中国的大门要重新打开。

1978年年初，中央派出了以谷牧为首的考察团去西欧考察，这是中华人民共和国成立后，中央向西方国家派出的第一个政府经济代表团。这次考察将是一次不寻常的考察。它意味着，中国开始以谦虚的心态，向世界发达国家学习，学习发达国家先进的生产技术和对外开放的经验。

在考察团出发前，邓小平叮嘱他们说：“你们出去一定要广泛接触，详细调查，深入研究问题。要深入地考察欧洲发达国家经济发展情况，认真地考察组织社会生产的经验。”

考察团在1个多月的时间里先后访问了法国、瑞士、联邦德国、丹麦、比利时5个国家，参观了众多的工厂、矿山、港口……西方国家高度发达的生产力，给代表团留下了深刻的印象。一天，代表团来到联邦德国一个电力公司的露天矿参观。在这个露天矿里，一台轮斗式挖掘机使考察团的成员们大开眼界——这个挖掘机只要5个人操作，但一天的产煤量却能达到40万吨。这个露天矿的年产煤量为5 000万吨，职工只有2 000人。按照当时中国露天煤矿的生产水平，年产5 000万吨煤大约要16万工人。

在当时的中国，高速公路是一个新名词，很多考察团成员只是听说过这个名词，但对于高速公路先进到什么程度？车速可以达到多快？都不是很清楚。西欧五国的高速公路，已经形成一个网络。公路的路面有 30 米宽，每个方向两三道行车线。西欧五国高速公路总长度占公路总数的比例并不高，但运量却非常大。而当时的中国，连 1 000 米高速公路都没有。

这次出访使考察团的成员感受到前所未有的震撼和冲击。事实表明，中国已大大地落在了世界后面。

1978 年 6 月 30 日，谷牧在人民大会堂会议大厅向

事实真相

高速公路 高速公路是经济发展的必然产物，也是经济进一步发展的必要基础。世界上最早的高速公路出现在德国，于 1931 年建成，次年开通，长约 30 千米。截至 2017 年，世界上共有 80 多个国家和地区修建有高速公路，国土面积并不太广阔的德国依旧名列前茅，高速公路总里程达 1.28 万千米。美国曾经是高速公路第一大国，目前总里程位居世界第二。中国第一条高速公路于 1978 年建成于台湾地区，长 373 千米。1988 年，中国大陆第一条高速公路（上海至嘉定）建成通车。目前，中国高速公路通车总里程不仅已位居世界首位，而且还在不断增加中。

中共中央政治局30多成员汇报了这次考察的成果。汇报从下午3点半开始，一直到晚上11点多才结束，谷牧用了7个多小时向政治局成员汇报了他们在西欧的所见所闻。汇报结束后，在座的所有人陷入了沉思。邓小平坚定地说:“是下决心采取措施实行对外开放的时候了。”

谷牧在汇报中主要讲了三个方面的问题。

一是二次世界大战以后，欧洲各资本主义国家的经济确实得到了前所未有的发展，尤其是新科技得到广泛运用，经济日新月异，劳动生产率大大提高。我国经济则大大落后了，形势咄咄逼人。

二是这些国家非常愿意和中国开展经济交往，他们在调控经济和处理社会矛盾方面，有许多做法也值得我们借鉴。

三是国际经济运作中许多通行的办法，如卖方信贷、补偿贸易、合作生产、吸收外国直接投资等，我们在打开国门的时候也可以选择采用。

就这样，对外开放大局最终敲定了。现在摆在中国人面前的问题，是要思考如何更好地引进国外的技术、资金和管理经验，以及从发达国家的经验中寻找出一条适合中国国情的发展道路。

2. 创办经济特区

1979 年 4 月，中央工作会议在北京召开，集中讨论调整国民经济和政治经济方面的一些重大问题。4 月 17 日，参加会议的广东省委领导人习仲勋向中央汇报工作，提出一个建议：因为广东临近港澳，这是一个十分有利的条件，希望中央多给广东一点自主权，在对外开放上做点文章。

这一想法得到了邓小平的认同。如何更好地对外开放，一直是他在思索的问题，现在正需要这样一块试验场，看看这条路到底怎么走。邓小平回答习仲勋说："中央没有钱，可以给些政策，你们自己去搞，杀出一条血路来！"

"杀出一条血路！"这句铿锵有力的话，像是一道突破改革开放重重障碍的"军令"，指挥着经济特区的创立

1979年7月，蛇口炸响了中国改革开放的“第一炮”，蛇口提出的“时间就是金钱，效率就是生命”口号曾响彻全国

和发展。

中央工作会议后不久，广东省委、福建省委写出了关于对外经济活动实行“特殊政策”和“灵活措施”的报告，呈送中央。7月15日，中共中央、国务院下发文件，决定对广东、福建两省实行“特殊政策、灵活措施”，并在深圳、珠海、汕头、厦门创办“特区”，后正式定名为“经济特区”。就这样，在中国东南沿海地区开始了中国历史上前所未有的尝试——筹建经济特区。

1980年8月26日，深圳城里响起一片噼噼啪啪的爆竹声。在这片热闹的爆竹声中，中国第一批经济特区中的第一号特区——深圳经济特区诞生了。

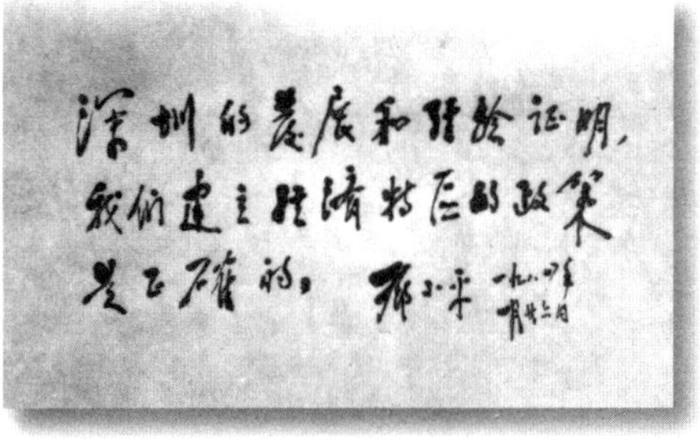

邓小平为深圳特区的题词

为了扶持深圳经济特区的发展，国家给予了特殊的优惠政策，包括税收优惠、土地使用优惠、外汇管理优惠、出入境管理优惠、劳动用工优惠等等，同时赋予特区政府较大的经济管理权。

在党和国家的高度重视和扶持下，深圳人民积极进取，勇于开拓，大胆引进外资，引进先进的技术设备……很快，昔日破旧的城市有了翻天覆地的变化。深圳特区的工农业产值、财政收入增长很快，1983 年的工业产值比 1978 年增长了 10 倍，财政收入也比 4 年前增长了 10 倍。

1984 年 1 月，在开发深圳经济特区的第 4 个年头，邓小平迈着轻快稳健的步伐，踏上了中国改革开放前沿地带的这片热土。他说："办经济特区是我的提议，现在到底怎么样，我要来看看。"

负责接待的同志向邓小平介绍了深圳的自然状况和几年来引进外资、基建工程进展的情况。邓小平兴致勃勃地登上了深圳的地标性建筑——国贸大厦，看到了一座崭新的现代化城市就在眼前。邓小平高兴极了，他说：

事实真相

深圳速度　在 1982 年 11 月到 1985 年 12 月的 37 个月期间，施工单位在开建深圳国际贸易中心大厦（简称国贸大厦）的过程中，先是用 7 天筑建一层，后来速度提升到 5 天、4 天一层。从第 30 层开始，工人们持续以 3 天一层的速度盖楼，而当时香港的最快速度是 5 天一层，美国的最快速度是 4 天一层。“深圳速度”自此叫响，成为此后媒体提到改革开放时常用的词汇。不过，国贸大厦建设虽然以快速而著称，但是却不是当时所有的施工单位都能模仿的，在某些地方即便是加长每天的工时都不可能达到。其中有些条件是自然因素，有的地方是不能达到的。比如，深圳由于气候原因，混凝土的凝固期远短于中国内地很多城市，而且在施工时候加入了加速凝固的凝固剂，因此混凝土在浇筑后可以更快凝固，以加盖上面一层。此外，建设中还使用了多层的楼板模板，不必等下面一层完全完成再将模板撤除而加盖上面一层，在当时节约了不少时间。

"深圳经济特区对我们来说也是一个试验。现在看来，我们原来建立经济特区的政策是正确的。"深圳人民没有辜负邓小平的期望，这座中国南方的小城，从一片空白到初具规模，再到如今的走向繁荣，确实为中国经济的腾飞杀出了一条血路。

随着深圳、珠海、汕头、厦门4个经济特区的成功创办，中国人民积累了对外开放的成功经验。在这些经验的指导下，中国陆续开放了更多的港口城市，一个全新的对外开放格局已经打开。

3. 点将荣毅仁

1979年1月17日，对荣毅仁来讲，是个特殊的日子。

这一天上午10时，邓小平与荣毅仁、胡厥文、胡子昂、古耕虞、周叔弢"工商界五老"在人民大会堂举行座谈。在进行经济建设的过程中，邓小平对工商界人士寄予了厚望，他曾说："工商界的钱要用起来，工商界的人也要用起来。”邓小平希望就如何搞好经济建设这个问题，听听工商界权威人士的意见和建议。邓小平对工商界人士的重视，让荣毅仁十分欣慰。

座谈会一开始，邓小平开宗明义：“党的十一届三中全会决定把工作重点转移到社会主义现代化建设上来。过去耽误的时间太久了，不搞快点不行。我们现在搞建设，门路要多一点，可以利用外国的资金和技术，华侨、

历史掌故

五老火锅宴

1979 年 1 月 17 日上午，五位老人早早来到人民大会堂福建厅，等待小平同志。邓小平准时来到，他笑容满面地与五位老人一一握手，称他们为“老同志”，然后与有备而来的五位老人展开亲切座谈。邓小平讲得简明扼要，铿锵有力，提出了“钱要用起来，人要用起来”的著名论断。五位老人边听、边记、边补充、边献计……谈话一直进行到 12 点钟，邓小平抬腕看看手表，风趣地说：“肚子饿了，该吃饭了，今天我们聚聚，我请大家吃涮羊肉。”工作人员很快就在一角支起圆桌，吃的是极普通的北京涮羊肉，但意义深远。

邓小平会见荣毅仁的海内外亲属观光团，祝贺荣氏家族大团圆

华裔也可以回来办工厂。吸收外资可以采取补偿贸易的办法，也可以搞合营。”邓小平说：“对这方面的情况，你们比较熟悉，可以多做工作。”

荣毅仁出生于工商世家，在全国工商界有很大的影响力，被誉为“红色资本家”。在这次座谈中，邓小平希望荣毅仁摆脱一些社会活动，“出山”来从事祖国经济建设，围绕开放、创汇……闯出一条新路来。邓小平又补充说：“荣毅仁同志，你主持的工作要规定一条，给你的任务，你认为合理的就接受，不合理的就拒绝，由你全权负责处理。处理错了也不怪你。你要用经济方法管理经济，从商业角度考虑签订合同，有利润、能创汇的就签订，否则就不签。应该完全排除行政干扰。所谓全权负责，包括用人权。只要把社会主义事业搞好，就不要犹豫。”

63 岁的荣毅仁被邓小平的这番话深深地感动了，虽然在“文化大革命”中受到了打击，但他的爱国心始终是火热的，希望在有生之年能够为改革开放和祖国的建设贡献力量。现在，有了邓小平的鼓励和支持，他可以为祖国的现代化建设做一番事情了。荣毅仁向邓小平提出了吸引外资兴办实业的建议。邓小平对此很感兴趣，希望荣毅仁能够就此事写一份详细的报告。

夜已经很深了，荣毅仁仍在书房中徘徊，一盏柔和的台灯陪伴着他。荣毅仁在思考，如何将邓小平的指示落在实处，为国家建设尽一份力。

经过反复的权衡，荣毅仁最终决定：创办国际信托投资公司。荣氏家族有很多亲属散居世界各地，不少人已是国外工商界、科技界的知名人士，可以利用家族自身的经验和有利条件，在国际上进行引资融资，这对他有着得天独厚的便利。

于是，荣毅仁向中共中央、国务院呈交了《建议设立国际信托投资公司的一些初步意见》。1979 年 6 月 27 日，国务院正式批准成立中国国际信托投资公司，荣毅仁当选为该公司董事长兼总经理。10 月 4 日，中信公司正式成立，为我国打开了又一面对外开放的窗口。

任何一项新事业的开创，都不可避免地会遇到各种坎坷、挫折和困难。国际信托投资本身是市场经济的产物，而当时我国对计划经济体制的改革刚刚开始，中信公司要按市场法则办事，就必然地与计划经济体制发生矛盾和撞击。

每当遇到较大困难时，荣毅仁都会想到邓小平，而邓小平总是尽力地给予帮助和支持。

荣毅仁没有辜负邓小平的重托，中信公司开创了不少中国经济发展中的第一：第一次在外国发行债券，第一个开展国际租赁业务，第一个涉足国际商用卫星通信事业，第一个开展国际经济咨询业务……中信公司逐渐深入国际资本市场，并且探索出了如何充分有效利用外资的宝贵经验。

国际信托投资公司的成立，对中国的对外开放有着重大的意义。这意味着中国在采用国际先进经营方式和管理方法上迈出了重要一步。国际信托投资公司遵循市场经济规律，在诸多领域进行的探索，都取得了较好的经济效益，在国内外树立了良好的信誉，为国家的改革开放事业做出了巨大贡献。

荣毅仁实现了自己的心愿，在中国改革开放的道路上留下了浓墨重彩的一笔。

4. 设立中外合资企业

1978 年 12 月 10 日，新华社香港分社组织了一次非同寻常的考察。所有参与考察者都是港商，共 12 位，考察地点为中国四川省省会成都。中国第一家合资企业的创始人——伍淑清就是 12 位港商中的一位，她是香港最大的食品公司美心集团的创始人伍沾德的女儿。

中国改革开放的号角吹响后，伍氏家族看到了祖国内地潜藏着巨大的商机，同时也希望能够为祖国的发展贡献自己的力量。在旅途的列车上，伍淑清在广播里听到了邓小平的声音："要以经济建设为中心，欢迎外商到中国投资。"伍氏家族是做食品的，伍淑清时刻注意着，希望在食品方面做些文章。

伍淑清从中国民航总局了解到，1981年中美要复航，但当时飞机上没有配餐，只提供饼干、煮鸡蛋，还有一点午餐肉。飞机上没有配餐怎么行呢？伍淑清觉得这是个投资机会，她与家人商议后，决定成立一家航空食品公司。

因为没有先例，一切都要摸索着来。一开始的谈判是很费劲的，伍淑清不会讲普通话，只好用纸笔沟通。1979年6月，谈判进行了3次，进展不大。当时最大的困难，就是中国刚刚改革开放，搞合资企业没有先例，这方面的法律政策也不完善。没有法律制度作保障，很多外商都觉得风险太大，不敢尝试。伍淑清觉得，中国民航要飞国际航班，而国际航班需要有合格的食品。要想办法让中国飞机上的餐饮率先走向世界，使它成为打开国门的第一个窗口。总之，食品虽小，意义却很重大。同时，伍淑清表示，每个企业家都有自己的梦，这个梦一定要和国家民族命运关联起来。在强烈的爱国信念的支撑下，伍淑清决定，要克服各种困难，要接着谈。

很快，伍淑清听到了一个振奋人心的好消息。1979 年 6 月 28 日的《人民日报》在头版的显著位置刊发了一条消息：中国决定与外资合营某些企业，准备起草《中华人民共和国中外合资经营企业法（草案）》提请全国人大会议审议。7 月 1 日，五届全国人大二次会议通过了《中外合资经营企业法》。伍淑清的信心更坚定了，于是加快了谈判的步伐。

那时的伍淑清对刚刚开放的市场还不是很熟悉，没有门路，也没有熟人，常常是单枪匹马一个人去谈判。凭借着一股闯劲和诚意，谈判的事情渐渐有了转机。在这个过程中，邓小平得知了民航总局要和香港一家食品公司合资搞航空食品的事情，当即对此表示肯定。邓小平的支持，给了伍淑清更大的鼓舞和力量。

1980年4月10日，中华人民共和国外国人投资管理委员会批准成立京港合资经营北京航空食品有限公司。北京航空食品有限公司由香港美心集团和中国民航总局共同投资设立，共投资588万人民币，中方占投资总额的51%，港方占49%。5月1日，公司在北京正式挂牌。改革开放后第一家中外合资企业就这样诞生了。

北京航空食品有限公司的成立，一举填补了中国民用航空食品生产的空白，也开启了中国和外资合办企业的序幕。

在随之而来的改革开放的大潮中，中外合资企业越来越多，为中国的经济建设做出了巨大的贡献。

5. 构建对外开放格局

从十一届三中全会决定实行改革开放政策以来，特别是20世纪80年代初在广东、福建两省设立深圳、珠海、汕头、厦门4个经济特区以来，中国大力扩展对外贸易，积极利用外资，努力引进技术设备、人才和管理经验，加强各个领域和各种形式的国际交往——特区在此过程中发挥了重要的“窗口”作用。

从那一刻起，中国对外开放的脚步渐行渐远，对外开放的局面一发不可收拾。1984 年 2 月，邓小平在视察深圳经济特区时指出：“我们建立经济特区，实行开放政策，有个指导思想要明确，就是不是收，而是放。”不久，他正式向党中央提出：“除现有特区外，可以考虑再开放几个港口城市，如大连、青岛。这些地方不叫特区，但可以实行特区的某些政策。这就要求进一步改革开放，把经济特区的政策推向整个沿海地区。”

为此，中共中央、国务院于 3 月下旬召开了天津、上海、大连、烟台、青岛、宁波、温州等 8 个城市负责人参加的座谈会，着重研究了深圳、珠海、汕头、厦门 4 个特区的开放经验和政策，论证了沿海港口城市进一步开放的条件和设想。

5 月 4 日，中共中央、国务院批转了《沿海部分城市座谈会纪要》，决定全部开放中国沿海港口城市，从北到南，包括大连、秦皇岛、天津、烟台、青岛、连云港、

在对外开放的进程中，深圳从边陲小镇迅速发展成现代化城市

历史掌故

对外开放

自鸦片战争以来，中国就长期围绕一个问题争来辩去：要不要融入世界？要不要对外开放？答案无疑是肯定的。自 1978 年开始，对外开放 40 年来，中国始终把发展当作首要任务，抓住了全球化的机遇，并成为全球化的受益者以及世界经济的重要一极。40 年来，中国经济增长了 30 多倍，建立在经济基础上的中国综合国力和百姓生活水平亦水涨船高，有了长足发展。对外开放固然会带来相应的麻烦，但它是时代的要求与历史的选择；而闭关锁国，则是早已被证明的走不通的老路、死路。

南通、上海、宁波、温州、福州、广州、湛江、北海 14 个大中港口城市。开放沿海城市是我国对外开放走出的第二步。

我国沿海地区经济比较发达，这 14 个港口城市所处的地理位置决定了它们是国内经济和世界经济的结合部，是对外开展经济贸易活动和对内进行经济协作的结点。这些开放城市在吸收、有效利用外资，推广先进技术和科学管理经验方面，发挥了极为重要的作用。

1985 年 2 月，在沿海城市开放的基础上，中共中央、国务院又把长江三角洲、珠江三角洲和闽南厦门、泉州、漳州三角地区开辟为沿海经济开放区，这使得我国形成了“经济特区——沿海开放城市——内地”这样一个多层次、有重点、点面结合的对外开放格局。

这一次国门开放规模之大，程度之深，范围之广，是中国历史上任何一次开放都无可比拟的。

邓小平曾指出，我国的对外开放是对世界上所有国家开放，对各种不同类型的国家开放，既对西方发达国家开放，又对第三世界发展中国家开放。

当今的世界是一个复杂多变、竞争激烈的世界，中国要发展壮大，必须实行对外开放。只有这样，才会为经济体制改革提供巨大的动力；也只有这样，才能长久立于世界发展潮头。

第五章

V 科教兴国

1.“教育要从娃娃抓起”

邓小平曾说：“教育是一个民族最根本的事业。”在北京市东城区灯市口大街有一所景山学校，这是一所满载邓小平关怀和期望的学校，也是践行邓小平教育理念最成功的学校。

景山学校创立于 1960 年。当时，中宣部为探索中小学教学改革的新路子，创办了景山学校，专门进行教学改革实验。随着“文化大革命”运动的开展，景山学校所进行的各项教改实验被迫中断。党的十一届三中全会后，党和国家做出了把工作重点转移到经济建设中来的重大决策，景山学校也逐步恢复了各项教改实验项目。

但是，新时期的教育工作应如何开展？迷惘中的景山师生希望党和国家为他们指明教育改革的方向。全校师生决定写信给邓小平，信里面的称呼是“亲爱的小平同志、亲爱的邓爷爷”，信中“提出一个恳求，就是希望您老人家能为我们题词，或向我们说几句话，指明我们继续前进的方向”。

1983 年 9 月 8 日，凝聚全校师生愿望的信件发给了邓小平。让大家没有想到的是，9 月 9 日，邓小平便落笔为景山学校题词。这对全校师生而言，无疑是巨大的鼓舞。

9 月 10 日，景山学校召开教师大会，全校教师齐聚一堂，他们在等待一个重要时刻的到来。随后，邓小平的题词送到了学校，景山学校的校长高高举起题词，一字一句地大声朗读：

教育要面向现代化，面向世界，面向未来。

整个会场沸腾了，许多人激动地大喊：“再念一遍！”

1977年，邓小平重新出来主持工作后，将教育放在了突出位置，不仅亲自抓科学和教育，还尖锐指出：“我们有个危机，可能发生在教育部门，把整个现代化水平拖住了。”“靠空讲不能实现现代化，必须有知识，有人才。”他在不同场合多次疾呼：“一定要尊重知识、尊重人才。”

在邓小平推动教育发展的过程中，尤其重视中小学教育，他有一句著名的口号：“抓教育，要从娃娃抓起。”所以，邓小平为景山学校的题词不是偶然，而是他对中国未来发展的深刻思考，是对中国教育发展大方向的深刻理解。邓小平给景山学校题写的“三个面向”，不仅是对景山学校寄予的厚望，也是对中国的中小学教育寄予的厚望。

邓小平对景山学校的鼓励和支持，也落实到了具体事情上。1978年年初，景山学校收到了来自美国波士顿一些友好人士的邀请，希望与其学校互派师生，进行教育交流。面对破天荒的事情，当时的校领导不知道

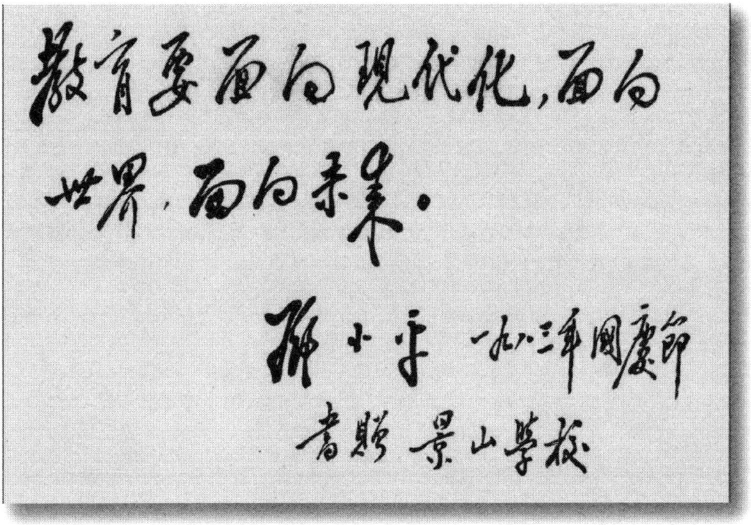

邓小平给北京景山学校的题词

该怎么办才好。邓小平听说后，坚定地表示：“这事没问题！”在他的关心下，景山学校成了中国与美国进行教育交流最早的学校，很多学生因此而受益。这也是对“教育要面向世界”的最好践行。

2. 大力发展高科技

在社会主义现代化建设的新时期，党和国家十分重视科技和教育事业的发展。为保证社会主义现代化建设

邓小平为正负电子对撞机国家实验室奠基

宏伟目标的实现，在进行经济体制改革的同时，中共中央也对现行的科技和教育体制进行了改革。

科技教育体制的改革大大促进了我国科技事业的发展，科技领域因而取得了显著成绩。20世纪80年代，我国在很多高科技领域取得了突出成就，达到了世界先进水平。北京正负电子对撞机的建成，就是我国在高科技领域取得的一项重要成果。

正负电子对撞机是党中央、国务院决策建设的高科技工程，是国家重点建设项目之一。1984 年 10 月 7 日，是该项目动工兴建的日子，邓小平亲笔题写基石：“中国科学院高能物理研究所北京正负电子对撞机国家实验室奠基”，并亲自为工程奠基。电子对撞机工程正式破土动工。

这是我国科学发展史上的一件大事。20 世纪 80 年代，世界上已经运行和正在建造的对撞机和同步辐射装置共有 40 多台。北京正负电子对撞机是我国科学工作者在“一机两用，应用为主”的方针指导下，充分吸收国外经验，反复进行探讨和论证的基础上，独立设计制造的。它由注入器、储存环、探测器、同步辐射实验区和数据处理中心 5 部分组成，既可以用来进行探索微观世界的高能物理实验研究，也可以在许多领域为基础研究、应用研究和生产服务。这台对撞机的开工建设，标志着我国的科学技术和工业水平正在向新的高峰发展。

经过 4 年夜以继日的奋战，1988 年 10 月 16 日，北京正负电子对撞机工程如期完成。电子对撞机第一次实现

提出“863”计划的4位科学家：王淦昌、王大珩、杨嘉墀、陈芳允

了正负电子对撞，这是我国继原子弹、氢弹爆炸成功，人造卫星上天之后，在高科技领域的又一重大突破性成就。

邓小平亲切会见了相关工作人员，他说：“世界上一些国家都在制订高科技发展计划，中国也制订了高科技发展计划。下一个世纪是高科技发展的世纪。”说到这儿，邓小平加重了语气：“过去也好，今天也好，将来也好，中国必须发展自己的高科技，在世界高科技领域占有一席之地。”

为了适应世界高科技迅速发展的趋势，在国际竞争

王淦昌获得的国家自然科学奖一等奖奖章

中赢得先机，党中央、国务院果断决策：1986 年 3 月启动实施“高技术研究发展计划（863 计划）”，将其列为国家发展战略的重要组成部分。

这个计划选择对中国未来经济和社会发展有重大影响的生物技术、信息技术等 7 个领域，确立了 15 个主题项目作为突破重点，以追赶世界先进水平。

“863 计划”于 1987 年 3 月正式开始组织实施，上万名科学家在各个不同领域，协同合作，各自攻关，很快就取得了丰硕的成果，为我国在世界高科技领域占有一席之地奠定了更加坚实的基础。

3. 实施《专利法》

20 世纪 70 年代末，我国还没有专门的法律保护发明创造，发明人也无法获得合法收益。

比如20世纪70年代中期，著名的水稻育种专家袁隆平培育出了杂交水稻，受到全世界的关注。杂交水稻被引进美国试种，效果良好。第二年要扩大试种，美国人检索了一下专利——发现竟然没有相关记录。因为当时中国已经将涉及杂交水稻的46种细分技术中的42种无偿公开，更没有从中获得任何经济收益。而就在几年之后，袁隆平在继续研发杂交水稻技术时，却遭遇了资金上的困境。

1978年，为了适应改革开放的需要，中央决定建立专利制度。12月，《专利法》的制定工作正式被提上议事日程。由于时间紧，任务重，《专利法》的起草与调研工作是齐头并进的。起草之初，先由小组全体研究整体框架结构，然后分工撰写，再经小组集体讨论修改。1979年6月4日，起草小组草拟出了《专利法》草案的第一稿。

其间，《专利法》草案广泛征求了国内的意见和世界知识产权组织的意见。在国内，《专利法》草案争议不断，甚至有人极力反对。因此，《专利法》从酝酿到诞生，整整历经了5年磨砺。人们不会忘记，围绕“专利制度是姓‘资’还是姓‘社’”“中国要不要建立专利制度”的问题争论不休时，是改革开放的总设计师邓小平高瞻远瞩，做出肯定的表态：“中国必须建立专利制度，《专利法》宜早通过为好。”从而一锤定音，为我国专利制度的建立和发展铺平了道路。

1984年3月12日，第六届全国人民代表大会常务委员会第四次会议通过了《专利法》。它是新中国第一部《专利法》，为改革开放、为改变国家命运与前途发挥了重要作用。当时，关注中国专利事业的人们欢欣鼓舞，奔走相告，极为振奋。

1985年4月1日，《专利法》实施第一天，在国家专利局门前，排队等候了3天3夜的航空航天工业部工程师胡国华，第一个递交了专利申请。从早上8点开始，到子夜钟声在夜空中敲响，国家专利局一天内共受理了来自国内外的专利申请3 455件，这创造了世界专利历史上的绝对纪录。

《专利法》实施30多年来，像胡国华这样热衷于发

胡国华获得的中国第一张专利证书

明创造的创新者如雨后春笋般不断涌现，为我国自主创新、打破国外高新技术垄断、发展科技和经济等各项事业提供了重要支撑。

30 多年间，发明创造活动在社会各个层面广泛深入，持久地蔓延。中国自主创新的丰硕成果吸引了世界的目光。

这 30 多年，不仅是中国专利事业实现跨越式发展的快速成长期，也是中国经济实现跨越式增长的重要时期。事实证明，在专利制度的护航下，自主创新及专利事业的快速发展，必将更加有力地支撑起我国经济的增长。

4. 红旗飘扬南极洲

南极洲位于地球最南端，面积 1 400 万平方千米，是世界的风极、寒极和冰极，同时也是至今为止没有明确主权归属和未被人类经济开发的大陆。南极洲丰富的矿产资源、淡水资源、海洋生物资源及独特的自然环境特征使得世界各国掀起了南极科考的热潮。

1984 年，为了尽快成为《南极条约》协商国，维护我国对南极问题的权益，发展我国南极科考事业，推动全球全人类和平利用南极，我国决定启动南极科考行动。11 月 19 日，由国家海洋局组织的我国第一支南极考察队，乘坐我国自行设计制造的第一艘万吨级远洋科考船“向阳红 10”号和海军“J121”打捞救生船，从上海黄浦江码头起航，远赴南极洲和南太平洋进行综合性科学考察，正式拉开了我国南极科考的大幕。

这支考察队由 591 人组成，队员们来自全国 60 多个单位，汇聚了祖国各领域的精英。邓小平为这次开天辟地的中国南极科考亲笔题词道:“为人类和平利用南极做出贡献。”

南极被称为“世界风极”，以多风暴而著称。科考队在第一阶段的 8 天的航行中，就遇到 4 个风暴气旋，而且一个比一个强烈。科考队员们精心组织、密切注视风

1985 年 2 月，我国第一个科学考察站——中国南极“长城”站举行落成典礼

向浪向，以应付随时可能发生的紧急情况。由于安排科学，组织严密，终于顺利完成了极区安全航行和南大洋考察的任务。

在南极建站是考察队的基本使命和中心任务，也是首次南极考察中最艰巨的任务。考察队挺进南极以后，立即开始了建站工作。1985 年 1 至 2 月，正值夏季的南

中国首批南极考察队的工作日志

极仍然冰天雪地。刚到乔治王岛的考察船“向阳红 10”号和“J121”就遇到了困难：由于岸边水浅，巨轮无法靠岸，要确保 500 吨建站物资的装卸速度和安全，必须修建卸货码头。

编队指挥部立刻调动了一批精兵强将投入战斗。在全体科考队员的努力下，1985 年 2 月 20 日，我国第一个科学考察站——中国南极“长城”站迅速建立起来，同时还安装了发电机，架设了大型通信天线，建起了气象观测场。

在长城站落成大典上，乔治王岛上空第一次奏响了庄严的中华人民共和国国歌，一面特制的五星红旗迎着风雪徐徐升起，格外鲜艳夺目。落成典礼这天，科考队员们抱在一起放声痛哭——这是历经千难万险取得胜利后的喜悦泪水。在长城站的主楼前，队员们竖立起一块路

事实真相

《南极条约》 从1958年6月起，美国、苏联、英国、阿根廷、澳大利亚、比利时、智利、法国、日本、新西兰、挪威、南非共12个国家的代表经过60多次会议，于1959年12月1日签署了《南极条约》。条约规定，南极洲范围包括南纬60°以南所有地区，总面积约5 200万平方千米。条约的主要内容是：南极洲仅用于和平目的，促进在南极洲地区进行科学考察的自由，促进科学考察中的国际合作，禁止在南极地区进行一切具有军事性质的活动及核爆炸和处理放射物，冻结目前领土所有权的主张，促进国际在科学方面的合作。中国于1983年正式加入《南极条约》。

标牌，标明了长城站与北京的距离：17 501.949千米。于是，1985年2月20日这一天被永远载入了中国的历史。

五星红旗飘扬在南极上空，洗刷了中国在南极没有发言权和表决权的屈辱历史。中国科考站的建立，为南极的进一步开发奠定了基础。中国人第一次南极科考，也为中国科学的发展提供了宝贵的资料。